WESTEND

KARL-HEINZ EBERT

DIE BEICHTE MEINES VATERS ÜBER DIE HERKUNFT DES BIMBES

Die schwarzen Kassen der CDU

Unter Mitarbeit von Oliver Domzalski

WESTEND

Mehr über unsere Autoren und Bücher:
www.westendverlag.de

Die Deutsche Nationalbibliothek verzeichnet diese Publikation in
der Deutschen Nationalbibliografie; detaillierte bibliografische Daten
sind im Internet über http://dnb.d-nb.de abrufbar.

ISBN: 978-3-86489-282-0
© Westend Verlag GmbH, Frankfurt am Main 2019
Umschlaggestaltung: Buchgut, Berlin
Umschlagfoto: picture-alliance/dpa/dpaweb
Satz: Publikations Atelier, Dreieich
Druck und Bindung: CPI – Clausen & Bosse, Leck
Printed in Germany

*Jeder Mensch ist ein Selbstzweck und
der einzelne Mensch ist kein Mittel.*

(Immanuel Kant)

Für Karl-Anton Ebert, der einen wesentlichen Teil seines Lebens Dinge tun musste, die er aus innerster Überzeugung abgelehnt hat, und dem ich dieses Buch widme.

INHALT

Prolog

Als ich mir im Dezember des Jahres 2017 an der Raststätte Herleshausen zum Zeitvertreib den *Spiegel* kaufe (Ausgabe 49/2017 vom 2. Dezember), weiß ich noch nicht, dass ich damit einen Blick zurück in die Vergangenheit meiner Familie und dieses Landes werfe – und dass ich den Grundstein für dieses Buch lege. Ich bin mit meiner Ehefrau unterwegs nach Dresden zum Weihnachtsmarkt. Seit vier Jahren bin ich im Ruhestand. Aber wir können unser Alter leider nicht so genießen, wie wir es uns vorgestellt haben. Wir hatten gehofft, die Früchte eines Lebens ernten zu können, in dem wir stets gearbeitet und gespart – und damit zum Wohlstand dieses Landes beigetragen haben. Aber weil die staatliche Rentenversicherung meiner schwer kranken Frau keine Erwerbsunfähigkeitsrente zugesteht und sie trotz Atemnot und ständiger Schmerzen als »arbeitsfähig« einstuft, wird sie demnächst ohne Leistungen sein. Das verbessert meine Einstellung zu meinem Heimatland nicht gerade. Und was ich im *Spiegel* lese, verstärkt meinen Zorn weiter. Den Großen wird gegeben, den Kleinen wird genommen – so lässt sich zusammenfassen, was seit einigen Jahrzehnten in Deutschland geschieht. Und wer ehrlich ist und sich auf die Ehrlichkeit der anderen verlässt, wird zur lächerlichen Figur.

Deutschland? Als Rheinländer habe ich mich ohnehin nie besonders mit diesem Land identifizieren können. Ein Land mit dieser fürchterlichen Vergangenheit. Soweit man in der

Geschichte zurückblickt – nur Kriege, Not und Versagen. Not in erster Linie für die, die nicht zur deutschen Elite zählten – und Versagen auf Seiten derer, die sich als Elite betrachteten und betrachten.

Die unselige Vergangenheit dieses Landes war seit meiner frühesten Jugend ein Grund dafür, dass ich mich in erster Linie – und im Herzen – als Rheinländer fühlte, und in zweiter Linie – mit dem Verstand – als Europäer. Ein überzeugter Europäer bin ich schon deshalb, weil ich bereits als Kind das Glück hatte, auch andere europäische Länder kennenzulernen. Darunter war eines, in dem man seit mehreren Generationen ohne Krieg leben und arbeiten darf: Schweden. Wie habe ich dieses Volk im Norden darum beneidet, dass es ohne die Traumata eines Krieges, in Frieden und Selbstbestimmung leben kann. Die freundliche Mentalität und die innere Gelassenheit haben mich tief beeindruckt. Niemals werde ich meine Heimreisen von Schweden nach Deutschland in den Schlafwagen der damaligen Eisenbahnen vergessen. Meistens war es tief in der Nacht, wenn nach über 1000 Kilometern Wegstrecke aus der absoluten Stille des Nordens die erste Bahnstation auf deutschem Boden erreicht wurde. Dann rissen Trillerpfeifen und die Kommandorufe der Bahnhofsvorsteher unbarmherzig jeden friedlich schlafenden Reisenden jäh aus dem Tiefschlaf. Und ich wusste: »Du bist wieder zurück im Traumataland Deutschland.« Ich habe sie verachtet, diese Kommandorufer mit ihren Trillerpfeifen! Und solche Möchtegern-Unteroffiziere in Zivil gab es zu meiner Kindheit nicht nur auf den Bahnhöfen. Es gab sie auch als Verkehrspolizisten, als Schwimmmeister und auch als Lehrer. Nicht alle, aber viele Lehrer hatten zu der Zeit, in der ich zur Schule ging, tatsächlich eine Trillerpfeife und konnten dazu auch Kommandos brüllen. Man merkte, das hatten sie ganz woanders gelernt, in Uniform. Und im damaligen Deutschland gehörte es zur

Normalität. Hätte ich das Leben bei unseren nördlichen Nachbarn nicht anders und besser erlebt, hätte ich es vielleicht auch als ganz normal empfunden. Aber so habe ich es schon in meiner Jugend nicht geliebt, mein trillerpfeifendes Deutschland mit seinen Kommandorufern und seinen Befehlsempfängern.

Vorwort

Dieses Buch enthüllt einen bisher unbekannten Baustein des jahrzehntelangen, bis heute nicht vollständig aufgeklärten Skandals um die schwarzen Kassen des Helmut Kohl und der CDU – und es erzählt anhand einiger Stationen die Lebensgeschichte meines 1996 verstorbenen Vaters Karl-Anton Ebert. Was diese beiden Dinge miteinander zu tun haben? Zweierlei. Zum einen ist mein Vater Anfang der 60er Jahre in seinem Beruf als Buchhalter sehr direkt in Berührung gekommen mit einem dubiosen Vorgang, dessen Bedeutung er erst im Nachhinein erkannte. Zum anderen zieht sich ein Thema wie ein roter Faden durch das Leben meines 1904 geborenen Vaters: das Bemühen um Ehrlichkeit und Redlichkeit in einer Welt, die allzu oft den Unehrlichen belohnt und die zur Korruption geradezu ermutigt. Immer wieder stand mein Vater vor der Frage: Hältst du die Klappe und machst mit – oder verweigerst du dich und schadest damit dir und deiner Familie? Zeigst du Regelverstöße konsequent an oder bist du bestechlich? Nimmst du Vorteile in Kauf, von denen du weißt oder ahnst, dass sie fragwürdige Ursache haben – oder schlägst du sie konsequent aus? Er musste diese Frage sowohl während schlimmer Notzeiten als auch im aufblühenden Wohlstand beantworten – und wurde dabei so manches Mal auch zum widerwilligen Komplizen und Mitwisser.

Sein Leben steht in vielem für ein deutsches Jahrhundert – vom Ersten Weltkrieg und der kurzen Blüte der Weimarer Republik über die Weltwirtschaftskrise, den Nationalsozialismus und den Zweiten Weltkrieg bis zur traumatischen Nachkriegszeit, dem nachfolgenden Wirtschaftswunder und der Etablierung der »Bonner Republik« mit ihren Licht- und ihren Schattenseiten. Und so kann die Biografie meines Vaters beitragen zu einem Sittenbild der Bundesrepublik, zu dem auch die skrupellosen Machenschaften im Zusammenhang mit der illegalen Parteienfinanzierung gehören. Die ungeheure Anmaßung von Parteipolitikern, die meinten, man könne auf Recht und Gesetz pfeifen, wenn Geld zur Sicherung ihrer Macht gebraucht werde, macht fassungslos. Helmut Kohl und sein Umgang mit »Bimbes«, wie er das Machtsicherungsgeld gerne nannte, ist einer der typischsten Vertreter dieser Anmaßung. Aber letztlich unterlagen sie demselben Drang wie viele andere: den eigenen Vorteil zu suchen und dabei die Moral hintanzustellen. Immanuel Kants kategorischer Imperativ, wonach man stets so handeln soll, dass die Maxime des eigenen Handelns zugleich allgemeines Gesetz sein könne, ist leider auch über zweihundert Jahre, nachdem der Philosoph ihn formuliert hat, keineswegs selbstverständlich. Und eine Wirtschaftsordnung, die den Egoismus belohnt und feiert, steht sogar in diametralem Gegensatz zu dieser Richtschnur, die Immanuel Kant uns mitgegeben hat.

Wenn ich über die illegalen finanziellen Machenschaften insbesondere der CDU schreibe, bedeutet das im Übrigen nicht, dass ich damit ihre gesamte Politik missbillige. 70 Jahre Frieden in Europa nach dem Grauen der Weltkriege sind ein Verdienst, das hier nicht geschmälert werden soll; dasselbe gilt für die Wiedervereinigung 1990. Und wenn sich nachweisen ließe, dass diese politischen Erfolge nur möglich waren, indem man das Gesetz brach, wo es um »Bimbes« ging, müsste man wohl sagen, dass hier der Zweck die Mittel geheiligt habe. Aber eine solche These wäre ein Beispiel für die bereits oben erwähnte Anmaßung. Man könnte sich auch resignativ fragen, ob Politik eben so sei und zwangsläufig den Charakter aller verderbe, die damit in Berührung kommen. Aber damit täte man jenen Politikern Unrecht, die anständig bleiben. Ich bin überzeugt: Es gab sie und es gibt sie.

Mein Vater ist erst nach seiner Pensionierung zum »Whistleblower« geworden – und das auch nur mir gegenüber. Mir hat er stets anvertraut, was ihn bedrückte. Er rang sein ganzes Leben lang mit der Frage nach Ehrlichkeit und Moral. Der Aufregung, die die Enthüllung seines Wissens in der Öffentlichkeit und bei den Akteuren der illegalen Geldgeschäfte der CDU ausgelöst hätte, wollte er sich aber auf keinen Fall mehr aussetzen.

Ich habe das, was mein Vater mir 1989 erzählte, damals zwar sehr intensiv und aufgewühlt zur Kenntnis genommen – es aber irgendwann doch in einen entfernten Winkel meines Gedächtnisses geschoben. Erst 2017 war es schlagartig wieder da – weil ich merkte: Ich kenne und verstehe einen Zusammenhang, bei dem selbst der *Spiegel* im Dunkeln tappte. In dem Artikel ging es um die Spendenaffäre, die in den Jahren 1999 und 2000 das politische (und, wie manche sagen, das moralische) Ende Helmut Kohls einläutete. Unter anderem war die Rede davon, dass die Herkunft von mindestens 20 Millionen Mark ungeklärt sei, die Helmut Kohl während seiner Karriere zur Verfügung standen. Und ich weiß noch, wie ich dachte: Aber das weiß ich doch, wo die herkommen!

Die Hinweise, die ich vor dreißig Jahren von meinem Vater bekommen habe, will ich nun mit der Öffentlichkeit teilen. Mir ist bewusst, dass ich keine gerichtsfesten Beweise vorlegen kann. Wenn mein Buch aber neue und gezieltere Recherchen auslöst, um auch anhand der Erzählung meines Vaters undurchsichtige Machenschaften rund um das »Freie Fernsehen« aufzudecken, wäre mein Ziel erreicht – und das meines Vaters.

Geld ist Macht

Parteispenden und schwarze Kassen

2015 machte der damalige Finanzminister Wolfgang Schäuble in einem Interview eine eher beiläufige Bemerkung, als er wieder einmal nach den ominösen »vier oder fünf« anonymen Spendern des Helmut Kohl gefragt wurde: »Es gibt keine (Spender). Weil's aus der Zeit von Flick schwarze Kassen gab.« Auch wenn Schäuble diese kategorische Aussage später relativierte (»Vielleicht gab es auch Spender.«) – seine Bemerkung löste 15 Jahre nach Kohls Rücktritt vom Ehrenvorsitz der CDU erneute intensive Recherchen der Filmjournalisten Stephan Lamby und Egmont R. Koch sowie des *Spiegel* aus. Die Ergebnisse präsentierten das Magazin und die ARD dann Anfang Dezember 2017 – ein halbes Jahr nach Helmut Kohls Tod. Es war ihm also gelungen, sein Geheimnis mit ins Grab zu nehmen.

Blenden wir kurz zurück in die Zeit der Jahrtausendwende. Es begann im November 1999 mit dem Haftbefehl der Augsburger Staatsanwaltschaft gegen den ehemaligen Bundesschatzmeister der CDU, Walther Leisler Kiep, wegen Steuerhinterziehung – und schien zunächst »nur« ein Fall persönlicher Bereicherung zu sein: Kiep habe eine 1991 auf einem Parkplatz in der Schweiz erhaltene Barspende nicht versteuert. Um sich zu retten, musste Kiep mit der Wahrheit herausrücken: Die Million war für die CDU bestimmt, stammte von dem Waffenhändler Karlheinz Schreiber, der im Auftrag der Firma Thyssen agierte, und sei auf ein Anderkonto eingezahlt worden, das nicht in den offiziellen Büchern der CDU auftauche. Beteiligt an der Transaktion seien auch der Frankfurter Wirtschaftsberater Horst Weyrauch und der Bevollmächtigte der Schatzmeisterei, Uwe Lüthje, gewesen. (Besonders bemerkenswert übrigens: Kiep nahm die Schreiber-Million entgegen, während der Prozess gegen ihn wegen seiner Verstrickung in den Flick-Skandal noch lief!)

In der Öffentlichkeit kamen nun schnell Fragen auf: eine so hohe Spende ohne Gegenleistung? Bald richtete sich die Aufmerksamkeit auf das Panzergeschäft mit Saudi-Arabien, das die Bundesregierung der Firma Thyssen just 1991 genehmigt hatte. Und wieso Bargeld? Wieso in der Schweiz? Ende November 1999 räumte der frühere CDU-Generalsekretär Heiner Geißler ein, dass die CDU unter Helmut Kohl ein System schwarzer Kassen betrieben habe. Nun rückte Kohl selbst ins Zentrum des Interesses. Und wenige Tage nach dem Hinweis seines langjährigen Vertrauten und späteren Intimfeinds Geißler übernahm Kohl scheinbar Verantwortung: Am 16. Dezember 1999 sagte er in der ZDF-Sendung »Was nun, Herr Kohl?«, er habe von 1993 bis 1998 insgesamt »zwischen anderthalb und zwei Millionen Mark« an Spenden in bar entgegengenommen und unter Umgehung der gesetzlichen Vorschriften verwendet, ohne dass das in den Kassenbüchern aufgetaucht sei. (Später gab er an, er habe das Geld vor allem für den Aufbau der CDU in den neuen Ländern verwendet – was sich einige Monate danach als Lüge erwies. In Wirklichkeit war es für Wahlkämpfe und Meinungsumfragen verwendet worden, also zur Stabilisierung der bröckelnden Macht der Kohl-CDU.) Die Namen der Spender gedenke er aber keinesfalls zu nennen, weil er ihnen sein Wort gegeben habe, ihre Anonymität zu wahren.

Nun brach ein Sturm der Entrüstung los. Kohls Verhalten widersprach allen verfassungs- und zivilrechtlichen Vorschriften über die Offenlegung der Herkunft von Spenden. Aber schwerer noch als die juristische Seite seines Verhaltens wog die moralische: Ein Ex-Bundeskanzler maßte sich an, sein persönliches Empfinden dessen, was angemessen und richtig sei, über die Gesetze des Staates zu stellen, den er keine zwei Jahre vorher noch repräsentiert und geführt hatte. In der Aufregung über Kohls Chuzpe und Arroganz ging weitgehend unter, was an seiner Aussage noch merkwürdig gewesen war: Warum hatte er sich dem ZDF überhaupt freiwillig gestellt? Warum hatte er sich in dem Interview auf einen kurzen Zeitraum von nur fünf Jahren beschränkt (obwohl er 25 Jahre lang CDU-Vorsitzender gewesen war)? Und warum blieb er sowohl beim Betrag als auch bei der Anzahl der Spender merkwürdig vage? 2003 antwortete Kohl in einem Interview mit Stephan Lamby und Michael Rutz auf eine Nachfrage im für ihn typischen, selbstgerecht-gereizten Ton, das seien »vier oder fünf Leute« gewesen, und mehr sage er bekanntlich nicht dazu. Und er betonte auf merkwürdige Weise, dass ja nie ein anderer Betrag als die 2 Millionen genannt worden sei. Aber all dies fiel, wie gesagt, für lange Zeit niemandem auf.

Der Druck auf Kohl auch aus seiner eigenen Partei wurde so groß, dass er im Januar 2000 den Ehrenvorsitz niederlegte. Vor dem Untersuchungsausschuss des Bundestags zur Spendenaffäre blieb er bei seiner überheblichen Haltung und verweigerte jegliche Angaben. Gegenüber dem damaligen Bundesgeschäftsführer der CDU, Willi Hausmann, räumte Kohl zwar ein, dass es geheime Konten gegeben habe; dies sei notwendig gewesen, um parteiinterne Vorgänge zu finanzieren. Ein Unrechtsbewusstsein schien er aber weiterhin nicht an den Tag zu legen.

Fragen nach der Käuflichkeit von Entscheidungen seines

Kabinetts wies er mit pathetischer Entrüstung zurück. Dies konnte er vermutlich auch deshalb tun, weil vor der Übergabe der Regierungsgeschäfte an Gerhard Schröder möglicherweise große Mengen von Akten im Kanzleramt gezielt vernichtet worden waren – etwa jene über den Verdacht, bei der Übergabe des DDR-Tankstellensystems an die französische Gesellschaft Elf Aquitaine seien Schmiergelder im Spiel gewesen. Auch die Akten zu den Spürpanzer-Lieferungen an Saudi-Arabien, die Korrespondenz des Kanzleramts mit Karlheinz Schreiber und andere Vorgänge, die in Verbindung mit großzügigen Spenden an die CDU standen, waren nach den »Bundeslöschtagen« nicht mehr auffindbar. Rechtlich betrachtet ist der Vorwurf der Aktenvernichtung aber nie belegt worden – die Staatsanwaltschaft sah keine ausreichenden Belege, um Anklage zu erheben. Kein Wunder: Schon einige Mitglieder des Untersuchungsausschusses zur Aktenvernichtung hatten einen »kollektiven Gedächtnisschwund« bei den relevanten Zeugen konstatiert.

Zum organisierten Gedächtnisverlust trug auch bei, dass der maßgebliche Ermittler bei der Augsburger Staatsanwaltschaft, Oberstaatsanwalt Jörg Hillinger, der seit 1995 gegen den Willen seines Vorgesetzten den Finanztransaktionen Karlheinz Schreibers auf der Spur gewesen war, im April 1999 praktischerweise einem Verkehrsunfall zum Opfer fiel – und dass seine Aktennotizen auf Anordnung seines Nachfolgers teilweise geschwärzt wurden.

Jeder von Kohls Auftritten vor dem Untersuchungsausschuss im Jahr 2000 zeigte, dass er sich weiterhin als unantastbarer, »ewiger« Kanzler fühlte, obwohl seine Regierung über ein Jahr zuvor abgewählt worden war. Und er nahm stoisch in Kauf, dass seine Partei großen finanziellen und politischen Schaden nahm – und dass sein persönlicher Ruf als international respektierter »Kanzler der Einheit« erheblich litt und alte Zweifel an seinem Charakter neue Nahrung erhielten. Die Frage, warum Kohl bereit war, einen so hohen Preis zu bezahlen, anstatt die Spender zu nennen, wurde damals zwar gestellt, blieb aber unbeantwortet.

Der finanzielle Schaden für die CDU war erheblich – zumal nach und nach immer mehr ungeklärte Geldbeträge in den Unterlagen der CDU auftauchten. Es stellte sich heraus, dass zahlreiche Schattenkonten und Briefkastenfirmen wie z. B. die Schweizer Stiftung »Norfolk« der Geldwäsche für Beträge dienten, die der CDU zugutekamen, aber nie in deren Büchern und Rechenschaftsberichten aufgetaucht waren.

Kohls Versuch, durch die Akquise privater Spenden von über 6 Millionen DM den Schaden für seine Partei zu begrenzen, bewies zwar seine große Nähe zu wohlhabenden Unternehmern wie dem Filmhändler und Fernsehunternehmer Leo Kirch und dem Zeitungsverleger Erich Schumann und zeigte, wie sehr ihm diese für seine Politik gewogen waren, war aber angesichts einer Strafe von 41,3 Mio. DM, die Bundestagspräsident Thierse im Februar 2000 über die CDU verhängte, nur ein Tropfen auf den heißen Stein.

Bald geriet auch Kohls Nachfolger im Parteivorsitz, Wolfgang Schäuble, in den Strudel der Affäre. Ihm wurde der Umgang mit einer 1994 übergebenen Barspende von 100 000 DM zum Verhängnis – sie stammte vom bereits genannten Waffenhändler Karlheinz Schreiber. Weil Schäuble und die CDU-Schatzmeisterin Brigitte Baumeister sich widersprechende Angaben zum Umgang mit dieser Spende machten und der Betrag niemals in den Büchern der CDU auftauchte, verzichtete Schäuble im Februar 2000 auf eine erneute Kandidatur für den Fraktions- und Parteivorsitz, womit der Weg für Angela Merkel (Partei) und Friedrich Merz (Fraktion) frei war.

Eine besonders unappetitliche Rolle in der Affäre spielte die hessische CDU. Sie war ohnehin ein Schlüsselverband in der Kette von Spendenskandalen, die die CDU seit der weiter unten zu behandelnden Flick-Affäre Anfang der 80er begleiteten, weil der Schwarzgeldstratege Horst Weyrauch seine Wirtschaftsprüfungsfirma in Frankfurt am Main hatte und als Mitglied der hessischen CDU deren Finanzberater war. Lukrativ für den Landesverband war seine große Nähe zum Ferrero-Konzern, die der CDU vermutlich ca. 1 Million DM an Schwarzgeld-Barspenden einbrachte. Für besondere Empörung sorgte im Jahr 2000, dass der hessische CDU-Funktionär Sayn-Wittgenstein behauptete, die illegalen Einnahmen stammten aus »Vermächtnissen jüdischer Emigranten«. Der Versuch, das aus kriminellen Machenschaften stammende Geld ausgerechnet mit der Aura von Opfern des Nationalsozialismus zu verklären, war an moralischer Verkommenheit kaum noch zu überbieten. Er bildete den Höhepunkt der Skrupellosigkeit, die dieser Landesverband der Union gerne an den Tag legte – beispielsweise auch im Zuge der Kampagne gegen die von Rot-Grün geplante Möglichkeit einer doppelten Staatsbürgerschaft während des Landtagswahlkampfs 1999 unter Roland Koch. Dessen Ankündigung einer »brutalstmöglichen Aufklärung« aller Schwarzgeld-Vorgänge, von denen er selbstverständlich keinerlei Ahnung gehabt habe, gehört seither zum ironischen Zitatenschatz der deutschen politischen Kultur. Und sie wurde selbstverständlich nie eingelöst.

Die 1999 und 2000 nur teilweise enthüllten Vorgänge führten zu einer Verschärfung des Parteiengesetzes, vor allem im Hinblick auf die Transparenz von Spenden. Und sie legten den Verdacht nahe, dass Politik manchmal tatsächlich so funktioniert, wie Klein-Fritzchen-Marxisten sie sich seit jeher generell vorstellen: Die Reichen kaufen sich die Gesetze, die sie brauchen, und die Demokratie ist nur ein Schein. Was aber wirklich zählt, sind Scheine.

Reptilienfonds und schwarze Kassen

Dass es überhaupt schwarze Kassen gibt, mit denen die Mächtigen heimlich das finanzieren, was ihnen zum Machterhalt notwendig scheint, ist eine historisch vergleichsweise neue Entwicklung. Ihr Ursprung liegt ausgerechnet im Absolutismus. Dabei ist für das »L'etat – c'est moi« ja gerade typisch, dass der absolute Herrscher nach Gutdünken, ohne jegliche Kontrolle und mit maximaler persönlicher Willkür über das Geld verfügen kann, das er sich angeeignet hat, also Einnahmen aus seinen Gütern sowie Abgaben, Steuern, Zölle etc. Unter diesen Bedingungen brauchte es keine separate schwarze Kasse, weil ohnehin niemand in Frage stellen durfte, wofür das Geld aus der »weißen Kasse« verwendet wurde.

Aber genau dieses unkontrollierte Ausgeben von Geld, oft für prachtvoll-repräsentative, aber unproduktive Residenzen wie zum Beispiel Versailles, oder auch für Eroberungskriege, erzwang irgendwann eine Kontrolle der staatlichen Ausgaben durch Parlamente. Denn vieles, was die Monarchen ins Werk setzten, ließ sich aus ihren Einnahmen allein nicht finanzieren. Sie benötigten Kredite des allmählich entstehenden und wohlhabenden Kaufleute- und Bürgerstands und deren Bankiers. Die aber waren nach diversen ruinösen Staatsbankrotten irgendwann nicht mehr bereit, ohne Mitsprache- und Kontrollrechte Kredite an den Hof zu vergeben. Und so entstand allmählich das bis heute vornehmste und stärkste Recht der Parlamentarier, nämlich das Budgetrecht. Es etablierte sich eine erste Form »öffentlicher« Kontrolle der staatlichen (damals noch: höfischen) Ausgaben. Und die Fürsten stimmten dieser Entwicklung nolens volens zu – weil sie ihre Kreditwürdigkeit erhöhte, also den finanziellen Spielraum vergrößerte. Wenn wohlhabende Kaufleute und Bankiers wussten, dass ihresgleichen ein Auge hatte auf die Staatsfinanzen, waren sie eher bereit, dem Monarchen Geld zu leihen.

Erst durch diese Entwicklung – die Kontrolle und Beobachtung der Staatsfinanzen durch eine (zunächst noch sehr eng gefasste) »Öffentlichkeit« – entstand die Notwendigkeit schwarzer Kassen. Denn wer Macht hatte, konnte und wollte weiterhin nicht darauf verzichten, Aktionen zu veranlassen und zu finanzieren, die das Licht der Öffentlichkeit nicht vertragen hätten.

Zunächst lag die Macht noch bei den Fürsten oder bei einzelnen Personen mit mehr oder weniger autokratischer Macht. Ein bekanntes Beispiel ist Otto von Bismarck und sein »Reptilienfonds« – so der Name seiner versteckten Finanzreserve für Schweinereien aller Art wie die Beeinflussung der Presse durch Geldgeschenke an willfährige Journalisten.

Parteienfinanzierung

Ab dem 20. Jahrhundert waren es mehr und mehr die Parteien, bei denen sich die Macht bündelte. Und sie brauchten Geld – für ihre legale Tätigkeit ebenso wie für illegale Aktionen. Dabei stehen Demokratien immer vor einem Dilemma: Überlässt man die Finanzierung der Parteien dem »freien Markt« – was letztlich der Käuflichkeit politischer Entscheidungen Tür und Tor öffnet? Oder sollen Parteien staatlich subventioniert werden – womit man faktisch eine Art Selbstbedienungsladen für sie errichtet, weil es ja Parteivertreter sind, die im Parlament über den Staatshaushalt und damit auch über die Höhe der Parteienfinanzierung entscheiden? (Wobei die Erfahrung gezeigt hat: Auch eine großzügige staatliche Parteienfinanzierung ist nicht automatisch ein Mittel gegen das Erkaufen von Einfluss durch Spenden ...)

In der Bundesrepublik setzte sich ab 1949 eher ein Modell der staatlichen Finanzierung der Parteien und ihrer steuerlichen Begünstigung in Form der Absetzbarkeit von Beiträgen und Spenden durch. Allerdings wurde die Parteienfinanzierung im Verlauf der Geschichte mehrfach neu geregelt und landete bisher dreimal vor dem Bundesverfassungsgericht. Die Finanzjongleure in den Parteien stellten sich stets schnell auf die Lage ein und (er)fanden lange Zeit immer neue Schlupflöcher und Konstruktionen zum Akquirieren von Schwarzgeld. Diese illegalen und verdeckten Spenden hatten den Vorteil, dass sie nicht in den vom Grundgesetz (Art. 21 GG) geforderten, aber erst seit 1968 gesetzlich verlangten Rechenschaftsberichten der Partei auftauchten, der mit diesen Spenden erkaufte politische Einfluss also nicht öffentlich diskutiert werden konnte. Solange nichts herauskam jedenfalls.

Von 1949 bis 1958 finanzierten sich die Parteien durch Mitgliedsbeiträge und Spenden. Diese konnten in beliebiger Höhe von der Steuer abgesetzt werden. Und eine Veröffentlichungspflicht gab es wie erwähnt nicht – ein klarer Verstoß gegen die Verfassungsvorgabe, wonach die Parteien »über die Herkunft und Verwendung ihrer Mittel sowie über ihr Vermögen öffentlich Rechenschaft geben« müssen (Art. 21 GG).

1958 beendete das Bundesverfassungsgericht die bisherige Praxis, indem es die steuerlich absetzbaren Beträge deckelte. Die Begründung lautete: Wegen der Steuerprogression würden die Bezieher höherer Einkommen und deren Spenden zur Beeinflussung der politischen Willensbildung begünstigt – ihr Steuervorteil sei größer als der von Geringverdienern. Von nun an konnten wohlhabende Bürger und Unternehmen also nur noch sehr begrenzt Parteispenden von der Steuer absetzen und sich so in einem Zuge sowohl Einfluss als auch Steuervorteile verschaffen.

Dieses Urteil hatten die Regierungsparteien bereits seit 1954 vorausgeahnt, weil das Land Hessen Klage gegen die damals verabschiedete Fassung des Einkommensteuergesetzes eingereicht hatte. Deshalb hatte man sich Gedanken gemacht, wie weitere, indirekte Möglichkeiten zur finanziellen Förderung der Ziele und Interessen der Parteien aussehen könnten. Von 1954 bis 1958 entstanden die Friedrich-Ebert-Stiftung der SPD, die (erst seit 1964 so genannte) Konrad-Adenauer-Stiftung der CDU und die Friedrich-Naumann-Stiftung der FDP. Diese parteinahen Stiftungen wurden und werden aus Steuermitteln finanziert und dienen – unter der Überschrift »politische Bildungsarbeit« – direkt und indirekt den Interessen der jeweiligen Partei.

Ebenfalls 1954 wurde festgelegt, dass man Spenden für »staatspolitische Zwecke« steuerlich geltend machen könne. Im selben Jahr gründeten die CDU und verschiedene Unternehmer die später so unrühmlich bekannt gewordene »Staatsbürgerliche Vereinigung« – eine 1-A-Geldwaschanlage für verdeckte und steuerbegünstigte Parteispenden.

Im Urteil der Karlsruher Richter von 1958 wurde aber auch die Tür zur direkten staatlichen Finanzierung der Parteien geöffnet, die man als gerechter betrachtete. Es sei zwar nicht die Aufgabe des Staates, den gesamten Finanzbedarf der Parteien zu decken, aber es stehe ihm frei, Steuermittel zur Verfügung zu stellen, um die Aufgaben der Parteien zu fördern. Von da an enthielt der Bundeshaushalt einen Posten (anfangs: 5 Millionen DM) zur direkten Parteienfinanzierung. Das Geld wurde ausschließlich unter den im Bundestag vertretenen Parteien verteilt. (Von 1961 bis 1980 gab es durchgehend nur die drei Fraktionen CDU/CSU, SPD und FDP.)

Interessant sind in diesem Zusammenhang einige Bemerkungen, die Konrad Adenauers 1923 geborener Sohn Paul, der selbst CDU-Mitglied war, in seinem erst 2015 posthum veröffentlichen Tagebuch über die Zeit des erzwungenen Abschieds seines Vaters, des Patriarchen, von der Macht in Staat und Partei gemacht hat. 1961 machte er sich Notizen über sein Gespräch zum Zustand der CDU, an dem unter anderem der junge, von einem anderen Teilnehmer als »streberhaft« und »eitel« beschriebene Rainer Barzel teilnahm.

Auf das Ansinnen eines Gesprächsteilnehmers, die CDU müsse »Unabhängigkeit erzwingen und demonstrieren«, antwortete unter anderem der Fraktionsvorsitzende Heinrich Krone, ein sofortiger Umbau sei nicht möglich, weil die CDU zu 98 Prozent abhängig sei von ihren aktuellen Geldgebern. Der einzige Ausweg sei die Staatsfinanzierung der Parteien.

Gegenüber der SPD, machten andere Teilnehmer geltend, sei man im Nachteil, weil diese sowohl Arbeiter als auch Intellektuelle erreiche. Und wörtlich fährt Paul Adenauer fort: *»Über (den) Versuch, Mitgliederpartei zu werden, wird gar nicht gesprochen! Sehr trübes Bild. Man verlangt wenigstens, dass MdBs unter anderem der Partei gegenüber ihre Mittel offenlegen und Rechenschaft geben. Das wird auch nicht zugesagt. Ich schlage vor, Partei müsse sich zeitig vor Interessendruck auf von unabhängiger Seite zu Einzelproblemen erstellte Linie festlegen und damit innere Unabhängigkeit demonstrieren. Von Parteileuten wird darauf kaum reagiert.«*

Bereits 1961 also sah man keine Möglichkeit mehr, die Position der Regierungspartei CDU streng nach inhaltlichen Kriterien auszurichten. Der Einfluss der Geldgeber war bereits viel zu groß. Da erschien der Griff in die Staatskasse manchen als Ausweg – und anderen als lukrative Ergänzung der Finanzquellen.

Schnell entwickelte sich die absehbar gewesene Selbstbedienungsmentalität. 1965 betrug der Posten im Budget des Innenministeriums »für die Aufgaben der Parteien« bereits 38 Millionen DM. Aus dem dürren Satz des Grundgesetz-Artikels 21, wonach die Parteien bei der politischen Willensbildung des Volkes »mitwirken«, leiteten diese einen zunehmend uferlosen Macht- und Finanzierungsanspruch ab. Sie setzten sich – entgegen der Verfassung – mehr und mehr mit dem Staat gleich, schufen immer größere Apparate und entwickelten einen entsprechenden finanziellen Appetit. Insofern war das erneute Verfassungsgerichtsurteil zur Parteienfinanzierung 1966 für die Schatzmeister ein Schock. Das Gericht schob der ausufernden Subventionierung der Parteien aus Steuermitteln einen Riegel vor und beschränkte die staatlichen Zuwendungen auf eine Erstattung »angemessener« Wahlkampfkosten. Damit griffen die Karlsruher Richter ihre bereits im Urteil von 1958 vertretene Auffassung auf, dass Parteien in erster Linie »Wahlvorbereitungsorganisationen« seien und deshalb auch vor allem für diesen Zweck Geld benötigten. Die Aufblähung der Parteien zu dauerhaften Großorganisationen mit entsprechenden Verwaltungsapparaten sah das Gericht nicht als so schützenswertes verfassungsrechtliches Gut an, dass dafür Steuergelder eingesetzt werden sollten. Die Richter schrieben den regierenden und staatliches Geld beanspruchenden Parteipolitikern Folgendes ins Stammbuch:

In einer Demokratie muss sich die(se) Willensbildung aber vom Volk zu den Staatsorganen, nicht umgekehrt von den Staatsorganen zum Volk hin, vollziehen. Die Staatsorgane werden durch den Prozess der politischen Willensbildung des Volkes, der in die Wahlen einmündet, erst hervorgebracht (Art. 20 Abs. 2 GG). Das bedeutet, dass es den Staatsorganen grundsätzlich verwehrt ist, sich in Bezug auf den Prozess der Meinungs- und Willensbildung des Volkes zu betätigen, dass dieser Prozess also grundsätzlich »staatsfrei« bleiben muss.

Zudem monierte das Gericht die Beschränkung der Staatszuschüsse auf die im Bundestag vertretenen Parteien als Verletzung der Chancengleichheit. Als Reaktion auf dieses Urteil verabschiedete der Bundestag 1967 erstmals ein Parteiengesetz. Es sah vor, allen Parteien, die bei einer Bundes- oder Landtagswahlen mindestens 2,5 Prozent der gültigen Zweitstimmen erhalten hatten, eine Pauschale von DM 2,50 pro Stimme zu erstatten. Nach einer weiteren Klage wurde die Schwelle auf 0,5 Prozent gesenkt. Dass es überhaupt eine Schwelle gab, hatte das Verfassungsgericht gestattet beziehungsweise sogar angeregt: Maßnahmen gegen eine übermäßige Zersplitterung der Parteienlandschaft seien zulässig. Die Erfahrung der Weimarer Republik mit ihren zunehmend handlungsunfähigen Viel-Parteien-Reichstagen wirkte hier erkennbar nach.

Erst mit dem Parteiengesetz wurden den Parteien auch die Rechenschaftsberichte abverlangt, die sie laut Verfassung seit jeher hätten vorlegen müssen. Die Mütter und Väter der Verfassung hatten 1948 sicher nicht für möglich gehalten, dass »Das Nähere regeln Bundesgesetze« fast 20 Jahre würde auf sich warten lassen …

Faktisch stellte das neue Parteiengesetz die Parteien nicht unbedingt schlechter als vorher. Die 15,5 Millionen Stimmen, die die Unionsparteien bei der Bundestagswahl 1965 erhalten hatten, entsprachen nach der neuen Formel einer Erstattung von 38,75 Mio. DM – also mehr, als das gesamte (verfassungsgerichtlich verworfene) Parteienbudget des Bundeshaushalts 1965 betragen hätte. Rechnet man die Landtagswahlen hinzu, kommt man über einen Vierjahreszeitraum auf ähnliche Beträge, wie sie auch vorher geflossen sein dürften. Dennoch herrschte bei den Schatzmeistern Alarmstimmung. Allein die Kopplung an den Erfolg bei Wahlen und die Aussicht, nicht mehr alle Kosten durch einen einvernehmlichen Haushaltsbeschluss des Bundestags decken zu können, machte sie nervös und ließ sie nach neuen Geldquellen Ausschau halten. Und die Beschränkung der Zuschüsse auf Wahlkampfkosten warf die Frage auf, wie in Nicht-Wahljahren die laufenden, also wahlkampfunabhängigen Kosten gedeckt werden sollten, die ständig stiegen.

Die Abgrenzung von Wahlkampfkosten gegenüber allen anderen Aufwendungen der Parteien erwies sich sowieso bald als künstlich. Wundersamerweise wiesen die Rechenschaftsberichte von nun an allem, was dies auch nur im Entferntesten hergab, den Verwendungszweck »Wahlkampf« zu. So rechtfertigte sich die allmähliche Steigerung der Wahlkampfkostenpauschale auf 5 DM. Außerdem wurde 1983 ein »Chancenausgleich« geschaffen, der einer ähnlichen Philosophie folgte wie der Länderfinanzausgleich: Parteien, die weniger Spenden und Mitgliedsbeiträge erhielten als andere, bekamen Ausgleichszahlungen aus Steuermitteln.

Nach einer Klage der GRÜNEN, die damals noch im »Antiparteien-Modus« waren, kehrte das Verfassungsgericht in einem weiteren Urteil 1992 wieder zu seiner Linie zurück, die es schon 1958 vertreten (und zwischendurch, 1966, klar verworfen) hatte: Der Staat finanziert die gesamte Tätigkeit der Parteien mit. In gewisser Weise bedeutete dies die Kapitulation der höchsten Richter vor der Tatsache, dass die Parteien die politische Willensbildung nach und nach monopolisiert hatten, anstatt lediglich dabei mitzuwirken.

Aufgrund der vom Gericht formulierten Anforderungen wurde das Parteiengesetz 1994 und 2002 novelliert. Die Wahlkampfkostenpauschale wurde abgeschafft, die Regelungen für Bargeld-Spenden verschärft und einiges mehr. Die staatliche Parteienfinanzierung folgt seither dem Prinzip, dass keine Partei mehr Zuschüsse bekommt, als sie selbst an Geld erwirtschaftet. Umgekehrt formuliert: Für jeden Spenden-Euro bekommen die Parteien einen Steuer-Euro obendrauf. Die Gesamtaufwendungen für die Parteien wurden allerdings gedeckelt, indem man den 1994 für die letztmals erfolgte Wahlkampfkostenerstattung aufgewendeten Betrag von umgerechnet 133 Mio. Euro zugrunde legte und mit einem Inflationsausgleich versah. 2017 wurden infolgedessen 161,8 Millionen Euro an die Parteien ausgeschüttet.

Birne, Bimbes und Flick

Kommen wir zurück zu Helmut Kohl und zum ersten Parteispendenskandal, der die Bundesrepublik erschütterte: zur Flick-Affäre.

Helmut Kohl war ein Machtmensch, der die Welt stets in Gut und Böse, in »Wir« und »Die« unterteilte. »Die Sozen« waren sein Leben lang ein Feindbild, an dem er geradezu archaisch festhielt. Entsprechend war seine Haltung zum Geld, das er gerne »Bimbes« nannte: Es war für Kohl – ebenso wie Beziehungen – ein Mittel des politischen Kampfes. Beim Verfolgen seiner Karriere und seiner politischen Ziele war ihm fast jedes Mittel recht. Das übergeordnete Ziel, die Macht zu erobern und zu sichern und den Gegner davon fernzuhalten, rechtfertigte – so muss man sein Verhalten interpretieren – in Helmut Kohls Augen auch illegales Verhalten. Wie sein geistige Ziehvater Konrad Adenauer glaubte zudem auch Kohl, dass die SPD nach 1945 und erneut nach 1990 wegen Wiedergutmachungszahlungen einen Vermögensvorteil gehabt habe und die CDU als damals neugegründete Partei ohne Vermögen legitimiert sei, diesen Nachteil auf welchem Wege auch immer auszugleichen. Die Frage, ob das mit der Rechtslage vereinbar war, beschäftigte ihn dabei offenbar nicht besonders.

Entsprechend suchte Kohl schon sehr früh, zu seiner Zeit als Fraktionschef und Ministerpräsident in Rheinland-Pfalz, die Nähe zum Geld. Das Geschmäckle, das entstand, wenn er erhebliche Summen mächtiger Industrieller entgegennahm, ignorierte er offenbar konsequent. Ganz sicher hat Helmut Kohl die oft nach Korruption riechende Verquickung privatwirtschaftlicher Interessen mit seinen eigenen Ambitionen als Parteipolitiker und Amtsträger nicht selbst erfunden. Er fand in der CDU vielmehr ein bereits etabliertes Netzwerk und die entsprechende Haltung vor, man stehe über dem Gesetz – und er nutzte beides entschlossener und skrupelloser als viele andere vor und nach ihm. Vor allem ging es Kohl stets darum, seine Partei im Griff zu haben und kampagnenfähig zu halten. Dabei half Geld, das er an den Büchern vorbei einzelnen Verbänden oder Parteifreunden zukommen lassen konnte, natürlich ungemein.

Die Wirtschaft wurde schon früh aufmerksam auf den Pfälzer – und bediente sich für die Unterstützung seiner bundespolitischen Ambitionen schon 1964 wie selbstverständlich der »Staatsbürgerlichen Vereinigung« (SV). Laut SPIEGEL bat der Vorstandschef von Brown, Boveri & Cie. damals die Geldwäsche-Organisation, eine demnächst eingehende Spende direkt an Helmut Kohl weiterzureichen, der an die Vereinigung »herantreten« werde. Es steht zu vermuten, dass Kohl dieses »Herantreten« nicht auf gut Glück unternahm, sondern im Wissen, was dort von wem für ihn deponiert worden war.

So richtig in Fahrt kam die Förderung Helmut Kohls dann ab 1972. Der CDU-Chef Rainer Barzel war in diesem Jahr gleich zweimal an der Aufgabe gescheitert, Bundeskanzler Willy Brandt zu stürzen – knapp beim dubiosen Misstrauensvotum im April, glasklar bei der Bundestagswahl im November. Die Wirtschaft traute Barzel nicht mehr zu, die verhassten Sozialdemokraten von der Macht zu entfernen, und setzte ganz auf Barzels Rivalen Kohl. Dieser war Barzel beim Parteitag 1971 noch deutlich unterlegen. Nun ging es offenbar darum, Barzel von einer erneuten Kandidatur 1973 abzubringen, um Kohl durchzusetzen. Die Federführung bei dieser »Aktion Kohl« übernahmen der Manager des Flick-Konzerns, Eberhard von Brauchitsch, sowie der damalige Henkel-Geschäftsführer Kurt Biedenkopf. Gemäß einem Schreiben Biedenkopfs an Kohl war das vor allem eine »soziale Frage« – was man getrost interpretieren kann als: Barzel sollte Geld bekommen. Nachdem er dann auf eine Wiederwahl verzichtet und seine seit 1956 andauernde hauptamtliche Tätigkeit für die CDU beendet hatte, um – als »Auffangposition«, wie Biedenkopf es in einem Brief an von Brauchitsch ausdrückte – in eine Frankfurter Anwaltskanzlei zu wechseln, erhielt diese Kanzlei von Flick in diversen Tranchen knapp 1,7 Millionen DM – angeblich als Honorar für Beratertätigkeiten …

Obwohl mein Vater CDU-Mitglied und -Wähler war, hat er übrigens schon 1972, also logischerweise ohne Kenntnis der »Aktion Kohl«, sehr verächtlich über Barzel gesprochen: Er empfand bei dessen Scheitern im Misstrauensvotum geradezu Genugtuung und sagte: »Der Barzel ist ein Ostpreuße, der nach Junkernart versucht, sich mit anderer Leute Geld die Taschen vollzumachen.« Darüber, ob und woher er über Insiderwissen über Barzel verfügte, das ihn zu dieser Äußerung bewegte, kann ich nur spekulieren. Ein pikanter Kontrast zur Aussage meines Vaters und dem öffentlichen Eindruck im Zuge der Flick-Affäre ist ein Interview-Zitat Barzels aus dem Jahr 2000: »Ich habe bis heute eine wirkliche Aversion gegen alles, was Adel und so etwas ist. Das sind für mich Raubritter zu Zeiten meiner Großväter.«

Was auch immer die Wahrheit sein mag und wer nun Raubzüge durchführte und wer nicht – als die Zahlungen an Barzel elf Jahre später, 1984, bekannt wurden und dieser vor dem Flick-Untersuchungsausschuss erscheinen musste, trat er einen Tag später zurück. Er bekleidete damals nämlich das zweithöchste Staatsamt, das des Bundestagspräsidenten. Kein guter Platz für Raubritter.

Aber dies war nur ein Detail dessen, was ab 1980 nach und nach herauskam und als »Flick-Affäre« in die bundesdeutsche Geschichte einging. Eberhard von Brauchitsch hatte über viele Jahre, bis 1980, zahlreiche Politiker mit üppigen Bargeldspenden oder Zuwendungen über die Staatsbürgerliche Vereinigung bedacht – er nannte dies später eine »Pflege der politischen Landschaft«. Zu dieser Landschaftspflege gehörten auch Dossiers über wichtige Politiker mit Vermerken über Glücksspielneigung, Alkoholkonsum, Frauengeschichten etc. In den illegalen Tresoren von Flick lag also nicht nur das Zuckerbrot der Bestechung, sondern auch die Peitsche der Erpressung bereit.

In einem Fernsehinterview von 2009 ließ von Brauchitsch eher beiläufig fallen, dass Flick bereits seit 1950 systematisch Politiker und Parteien mit Spenden bedachte – man kann auch sagen: für ihre Dienste bezahlte. Natürlich für ihre Dienste am Land … Dass sich die Rechtslage mehrfach verändert hatte und die Zuwendungen damit irgendwann illegal waren, scherte den Konzern offensichtlich nicht weiter.

Auffällig waren insbesondere hohe Spenden an die beiden FDP-Wirtschaftsminister Friedrichs und Lambsdorff, die 1975 über eine Steuerbefreiung für Flick in Höhe von knapp 1 Milliarde DM zu entscheiden hatten. Dass ihre Entscheidung zugunsten von Flick ausfiel, war aber sicherlich streng sachlich begründet.

Auch Helmut Kohl erhielt in Portionen mehr als eine halbe Million DM Bargeld von Flick, wie der Chefbuchhalter des Konzerns, Rudolf Diehl, in seinen akribisch geführten, aber nicht akribisch genug versteckten Aufzeichnungen festgehalten hatte. Der Vermerk »wg. Kohl« hinter dem Betrag wurde zur Chiffre des Skandals. Brauchitsch erzählte 2009, dass Kohl eben Geld bekommen habe, wenn er seine Vertraute Juliane Weber vorbeigeschickt habe. Das Wort »Geld« musste dann offenbar gar nicht mehr fallen.

Helmut Kohl hat 1982, nach der Wahl zum Bundeskanzler, Uwe Lüthje in die Existenz dieser Bargeldspenden eingeweiht und ihn aufgefordert, eine entlastende Erklärung für diese Gelder zu finden. Wahrheit und Gesetzestreue konnten dabei nach Lage der Dinge nur hinderlich sein. All dies notierte Lüthje später in einem Gedächtnisprotokoll seines Gesprächs mit Kohl.

1985/86 dann kam Kohl letztlich nur wegen der Idee seines Generalsekretärs Geißler und gezielter Lügen von Lüthje um eine Anklage wegen Falschaussage herum. Kohl hatte 1985 vor einem Untersuchungsausschuss des Mainzer Landtags ausgesagt, er wisse nichts von der Funktion der Staatsbürgerlichen Vereinigung als Geld- und Spendenbeschaffungs-Anlage. Daraufhin stellte der damalige Grünen-Abgeordnete Otto Schily Strafanzeige gegen Kohl. Geißler attestierte dem Kanzler der Bundesrepublik Deutschland im ZDF einen »Blackout« – eine bewusste Falschaussage sei nicht beabsichtigt gewesen, auch wenn die Aussage objektiv falsch gewesen sei. Ein wichtiger Baustein beim Befördern von Kohls Kopf aus der Schlinge soll eine bewusste Falschaussage Uwe Lüthjes 1986 bei der ermittelnden Staatsanwaltschaft Bonn gewesen sein, wie dieser später in einem unautorisierten Telefonat gegenüber dem SPIEGEL-Redakteur Hartmut Palmer angab. Er bestätigte dort wider besseres Wissen, Kohl habe nichts von illegalen Parteispenden und Schwarzkonten gewusst, woraufhin die Ermittlungen eingestellt wurden. In einer Rede zum Geburtstag seines Komplizen Horst Weyrauch brüstete Lüthje sich 1997 damit, er habe auch Kohl selbst für seine (Falsch-)Aussagen vor dem Untersuchungsausschuss trainiert. Ohne diese Lügen wäre vermutlich 1986 Anklage erhoben worden und Kohl hätte wohl unweigerlich zurücktreten müssen. Zum Dank wälzte Kohl 2003 die Schuld an den Manipulationen auf Lüthje und Kiep ab, und insinuierte sogar, Lüthje habe sich selbst bereichert. Und er bestritt erneut, irgendetwas mit diesen Transaktionen über Schweizer Konten zu tun gehabt zu haben.

Pikant ist auch von Brauchitschs 2009 offen geäußerte Enttäuschung über Helmut Kohls »Versagen« nach seiner Wahl zum Bundeskanzler. Diese Enttäuschung bezog sich aber nicht etwa auf Kohls Politik, sondern ausschließlich darauf, dass Kohl der Einzige war, der »das« (gemeint sind die strafrechtlichen Folgen der kriminellen Machenschaften des Flick-Konzerns) hätte »in Ordnung bringen können« – nämlich durch eine Amnestie. Diese Aussage zeigt die Denkweise von Brauchitschs überdeutlich: Kohl sei ihre Kreatur gewesen, sie hätten ihn nach oben gekauft und an die Macht gebracht – und er hätte im Gegenzug das tun müssen, was ihnen nütze. Dennoch dürfte die Wirtschafts- und Steuerpolitik der CDU-FDP-Regierung unter Kohl dem Flick-Konzern unterm Strich eher genützt als geschadet haben.

Weitere Aspekte des Skandals können hier nur in Stichworten wiedergegeben werden.

Der 1971 erstmals gewählte Bundesschatzmeister der Union, Walther Leisler Kiep, brachte aus der hessischen CDU die beiden Finanzjongleure Weyrauch und Lüthje mit. Zu dritt bauten sie das bereits existierende System aus. Es bestand aus »Anderkonten« (das sind Konten, die jemand unter eigenem Namen, aber für einen Dritten führt und verwaltet) und Schwarzkonten (deren Inhaber meist Tarnnamen trugen) in der Schweiz, dubiosen Briefkastenfirmen wie der Anfang der 1980er gegründeten *Norfolk*-Stiftung in

Liechtenstein (dort wurde nach dem Auffliegen der Staatsbürgerlichen Vereinigung und der Auflösung von deren Schwarzkonten das CDU-Geld deponiert) und Kurieren, die solcherart gewaschenes Bargeld zurück in die Bundesrepublik brachten und wieder in den Geldkreislauf der CDU einspeisten – entweder über die offiziellen Parteikonten oder in Form schwarzer Kassen. Die Reisen der Geldkuriere wurden übrigens stets über die Parteiapparate der Hessen- oder der Bundes-CDU abgerechnet.

Die »Staatsbürgerliche Vereinigung« in Koblenz nahm zwischen 1979 und 1990 Spenden von 227 Mio. DM ein. Davon wurden knapp 200 Mio. DM weiter in die Schweiz transferiert und dann als Bargeldtransfer zurück nach Deutschland gebracht, um an den Büchern vorbei in die CDU geschleust zu werden. Für die Zahlungen an die SV erhielt Flick natürlich Spendenquittungen.

Kurt Biedenkopf wechselte – um den genehmen Vorsitzenden Kohl zu flankieren – 1973 vom Henkel-Konzern in das neugeschaffene Amt des CDU-Generalsekretärs. Weil sein offizielles Parteigehalt nicht annähernd dem bei Henkel entsprach, wurde es mithilfe eines Anderkontensystems aufgestockt.

Eine Steigerung des Betrugs nach dem SV-Modell entwickelten ein CDU-Abgeordneter und ein Angehöriger der katholischen Ordensgemeinschaft »Steyler Missionare« oder auch »Gesellschaft des Göttlichen Worts«. Pater Josef Schröder war Geschäftsführer der »Soverdia (*Societas Verbi Divini*) Gesellschaft für Gemeinwohl mbH«, des Wirtschaftszweigs der Gemeinschaft. Gemeinsam mit dem Flick-Konzern fädelte er ein umfangreiches Kickback-Geschäft mit einem Gesamtbetrag von über 12 Mio. DM ein. Schauen wir uns an einem Rechenbeispiel an, wie es funktionierte: Flick spendete einen Betrag von, sagen wir, 1 Million DM an die Soverdia und damit scheinbar an den Orden. Dafür erhielt der Konzern eine Spendenquittung, die ihm eine Steuerersparnis von ca. 400 000 DM einbrachte. Der fromme Pater Schröder aber leitete über verdeckte Schweizer Konten 80 Prozent der Spenden, in unserem Beispiel also 800 000 DM, zurück an Flick, der es in eine schwarze Kasse steckte, also nicht versteuerte. So blieben für den Konzern 200 000 DM Reingewinn, also 20 Prozent der gespendeten Summe – und zudem jede Menge »Spielgeld«, das nicht in den Büchern auftauchte und deshalb, siehe oben, als Barspende an einzelne Politiker ausgezahlt werden konnte.

Was aber geschah mit dem Geld, das nicht an Flick zurückfloss? 10 Prozent kamen tatsächlich den Steyler Missionaren zugute – und die restlichen zehn Prozent vereinnahmte der Initiator des Großbetrugs, der CDU-Bundestagsabgeordnete Löhr, als »Provision« und für die politische Arbeit in der CDU.

Eine weitere Spezialität von Soverdia war das Ausstellen fünffach überhöhter Spendenquittungen an Privatleute. Und über genau so eine falsche Quittung stolperte Anfang der 1980er Jahre der Steuerfahnder Klaus Förster aus St. Augustin. Bei der Durchsuchung der Soverdia-Geschäftsräume stieß er auf die Korrespondenz mit Flick – und die Ermittlungen, die letztlich zur Aufdeckung der bekannt gewordenen Teile der Flick-Affäre führten, nahmen ihren Lauf.

Aber wofür genau brauchten die Schwarzen den schwarzen Geldsegen eigentlich, und wie gingen sie damit um? Rüdiger May war von 1979 bis 1989 Organisationsleiter der CDU und packte 2017 für den Film von Stephan Lamby und Egmont R. Koch aus. Er berichtete, dass Helmut Kohl die in der Parteizentrale aufgestellten Budgets bei seinen Planungen vollkommen ignorierte und kostspielige Aktionen veranlasste, wann immer er sie für notwendig hielt. Wenn das Geld dafür gefehlt habe, habe der Vorsitzende es aus schwarzen Kassen beschafft oder beschaffen lassen. Als Geldboten aus der Schweiz agierten vor allem Uwe Lüthje und Horst Weyrauch, aber auch Juliane Weber. Lüthjes Fahrer habe die Reisen in die Schweiz stets ordentlich abgerechnet – inklusive Fahrtenbuch. May erzählte, woran er immer erkannte, wenn Uwe Lüthje wieder als Schwarzgeldkurier unterwegs gewesen war: an mehreren Stangen zollfreier Zigaretten neben dessen Safe. Auch Gesetzesbrecher, die mit illegalen Millionen jonglieren, sparen eben gerne am Detail.

Es könne keinen Zweifel daran geben, so May, dass Kohl dieses System bekannt gewesen sei. Sonst hätte er sich als Vorsitzender ja fragen müssen, woher plötzlich das Geld für seine Aktionen komme – nachdem die für die offiziellen Parteifinanzen Zuständigen ihm kurz vorher noch vermeldet hatten, dafür seien keine Mittel vorhanden.

Im Wahlkampf 1987 war die Stimmung in der Partei schlecht und die Motivation mau. Die Abschlusskundgebung in der Dortmunder Westfalenhalle musste mit Busladungen von Mitgliedern aufgefüllt werden, deren Anreise die Parteizentrale bezahlte. Mehrbedarf: über 5 Millionen DM. Geld, das eigentlich nicht vorhanden war – aber die Lücken wurden auf wundersame Weise mit Schwarzgeld aus unbekannten Quellen gestopft.

Bekannt ist auch die Episode mit dem Unterschriftenautomaten. Nach der zwar gewonnenen, aber mit deutlichen Verlusten für die CDU verlaufenen Wahl entstand ein Brief Kohls an die damals ca. 800 000 zunehmend nervösen Parteimitglieder. Dieser Brief wurde automatisch, aber mit echter Tinte unterschrieben – so als habe Kohl sich individuell an jedes einzelne Mitglied gewandt. Die Kosten für diese aufwändige Aktion: um die 800 000 DM. Die waren dank eines Schecks, den Horst Weyrauch hervorzauberte, plötzlich vorhanden, obwohl das Budget sie eigentlich nicht hergab. Die innerparteilichen Gegner fragten sich und andere, wo denn eigentlich das Geld für solche Aktionen herkomme. Das sei doch Verschwendung von Parteimitteln. Aber Kohl wehrte die Kritik ab: Das sei nicht aus Parteigeldern bezahlt worden, das habe er »anders gelöst«.

Als May Lüthje, den Generalbevollmächtigten der Schatzmeisterei, einmal zur Rede stellte und Auskunft verlangte, welche Auslandskonten es gebe, welche Beträge darauf lägen, woher das Geld stamme und was damit passieren solle, bekam er keine Auskunft. Sondern verlor bald danach seinen Job. Die Auflösung seines Vertrags erfolgte einige Monate nach seiner Weigerung, den Rechenschaftsbericht zu unterschreiben, wenn der Scheck, mit dem Weyrauch die 800 000 DM für den Mitgliederbrief finanziert hatte, unter »Sonstige Einnahmen« verbucht würde.

Lamby und Koch kamen in ihrem Film von 2017 zum Ergebnis, dass Kohls Behauptung eines Ehrenworts, das er »vier oder fünf Leuten«, also Spendern, gegeben habe, eine reine Erfindung war. Der schlaue Pfälzer wollte durch diese Nebelkerze, auf die die Öffentlichkeit sich wegen seiner arroganten Weigerung, die Spender zu nennen, kollektiv stürzte, vom eigentlichen Skandal ablenken, nämlich dem Fortbestehen des Systems der schwarzen CDU-Kassen auch über den Flick-Skandal hinaus.

Dass Kohl bis zu seinem Tod 2017 damit durchkam, dürfte auch an einer Anordnung seiner Regierung liegen, die kurz vor der Wiedervereinigung im Oktober 1990 erging: Alle bereits im Besitz der Bundesrepublik befindlichen Stasi-Akten, die es über bundesdeutsche Spitzenpolitiker gab, wurden vernichtet. Sie waren nicht veröffentlicht worden, weil sie aus nach bundesdeutschem Recht illegalen Abhöraktionen der Stasi stammten – und weil man das Schicksal bundesdeutscher Politiker und Parteifunktionäre nicht den Akten des Geheimdienstes einer Diktatur überlassen wollte. Diese Aktenvernichtung dürfte Helmut Kohl 1999/2000 Sicherheit gegeben haben – kundige Stimmen behaupten nämlich, die Stasi sei seit 1976 über das CDU-System der schwarzen Kassen und die Flick-Spenden im Bilde gewesen, weil sie zentrale Akteure wie Kiep, Weyrauch, Lüthje und auch Kohl selbst abgehört habe.

Es dürfte heute unbestreitbar sein, dass es über viele Jahrzehnte, mindestens von 1962/63 bis 1999, durchgehend ein illegales System von »Anderkonten«, Briefkastenfirmen und schwarzen Kassen gab. (Warum ausgerechnet 1962/63? Wir kommen später darauf zurück.) Von diesem gesetzeswidrigen System, das die Steuerzahler um enorme Summen betrog und direkt gegen das Parteiengesetz und die Verfassung verstieß, hat am stärksten die CDU profitiert – und kaum jemand so sehr wie Helmut Kohl. In einer Gesprächsnotiz nannte Lüthje das System der illegalen Finanzierung »das Gesamtsystem der Anderkonten des Kohlschen Spezial-Finanzierungssystems«, dessen Auffliegen eine »Katastrophe mit unabsehbaren Folgen« wäre. In der Wahrnehmung der Beteiligten handelte es sich also um ein Helmut-Kohl-System.

Als in den 80ern die Beteiligung eines Mitglieds der Steyler Missionare als Geldwäscher und als Bimbes-Kuriere aufflog, bin ich übrigens aus der katholischen Kirche ausgetreten. Ich fühlte mich besonders angewidert und betroffen, weil es ausgerechnet die Steyler Missionare waren, denen meine Mutter früher regelmäßig das übrig gebliebene Haushaltsgeld gespendet hatte. Womit wir nun bei meinen Eltern und insbesondere bei meinem Vater wären. Wie war sein Lebensweg – und was führte ihn in die Nähe der unappetitlichen und dubiosen Vorgänge um die schwarzen Kassen der CDU?

Karl-Anton Ebert (1904–1989)

Es kam nicht oft vor, dass mein Vater Geschichten aus seiner eigenen Familie erzählte. Ein Grund dafür mag gewesen sein, dass es hier ebenso vieles gab, was ihn belastete, als das, worauf man hätte stolz sein können. Das, worauf man einmal stolz gewesen sein mag, war Vergangenheit und für immer verloren, und das, was man als Angehöriger einer Generation erlebt hat, die gleich zwei Weltkriege überlebte, damit sollte die nachfolgende Generation nicht belastet werden. Er war stets ein Mann, der geradeaus und auf die Zukunft schaute. Deshalb waren es in den vielen Jahrzehnten des familiären Zusammenlebens mit ihm nur wenige Zeitfenster, die sich kurz öffneten und in denen er mir anvertraute, was ihn belastete und bedrückte, wie etwa seine Kriegserlebnisse. Oder auch die Geschichte mit den dubiosen Zahlungen, die mich 2017 wieder einholte. Hätte es diese Zeitfenster nicht gegeben, in denen er mich ins Vertrauen zog, gäbe es dieses Buch nicht.

Für ihn war das Leben ein Kampf und selten gerecht und Politik fast immer schmutzig. Eine typische Redensart in unserer Familie lautete etwa: »Fürchte den Stier von vorn, den Fuchs und die Schlange von hinten und den Kollegen von allen Seiten.«

Ich will in diesem Kapitel einige Episoden aus seinem Leben erzählen, in denen er mit fehlender Ehrlichkeit und Redlichkeit anderer Menschen konfrontiert war – oder selbst in moralische Dilemmata geriet. Diese Erlebnisse bilden eine

Reihe, in der dann auch sein Erlebnis im Zusammenhang mit illegaler Parteienfinanzierung stehen sollte.

Karl-Anton Ebert kam 1904 als ältestes von acht Kindern eines technischen Werksleiters in Gelsenkirchen zur Welt. Und er erlebte den Ersten Weltkrieg in all seiner Härte. Sein Vater – also mein Großvater – kehrte im letzten Kriegsjahr 1918 mit einer schweren Granatsplitterverletzung am Rücken heim und musste über ein Jahr in einem Lazarett in der Nähe von Gelsenkirchen stationär behandelt werden. In dieser Zeit, 1918 und 1919, starben die drei jüngsten Töchter an Unterernährung und an der Spanischen Grippe. Zu seiner Schwester Martha, die bei ihrem Tod erst drei Jahre alt war, hatte Karl-Anton ein so inniges Verhältnis, dass er später seine älteste Tochter nach ihr benannte.

Der Tod durch Unterernährung war in den deutschen Großstädten während der Endphase des Ersten Weltkriegs zum grausamen Alltag geworden. Jeder war nur noch sich selbst der Nächste. Die Zahl der verhungerten Zivilisten schätzte man später auf ca. 800 000. Grundnahrungsmittel wie Brot, Milch und Kartoffeln wurden im Kaiserreich bereits ab 1915 nach und nach rationiert und konnten, wenn überhaupt, nur auf Bezugsschein erworben werden. (Die Erfahrung, wie stark die Hungerkrise den Durchhaltewillen der Bevölkerung schwächte, hat Adolf Hitler so geprägt, dass er der Versorgung der Zivilbevölkerung während des Zweiten Weltkriegs höchste Priorität einräumte. Die Deutschen hungerten vor allem nach dem Krieg. Während des Kriegs plünderten sie die besetzten Länder und setzten deren Bevölkerungen dem Hunger aus.)

Die Ausgabe der rationierten Lebensmittel – neben den genannten auch Mehl, Zucker, Haferflocken und Fett – war in den einzelnen Vierteln von Gelsenkirchen unterschiedlich organisiert. Im Stadtteil Schalke, wo Familie Ebert zu Hause war, hatten die Lehrer des städtischen Gymnasiums diese Vertrauensstellung inne. Und weil Karl-Anton schon früh eine gestochen scharfe Handschrift hatte (eine unabdingbare Voraussetzung für seinen späteren Beruf des Buchhalters), musste er im letzten Kriegsjahr 1918 und nach Kriegsende die Listen der ausgegebenen Waren führen – und zwar nachmittags nach Schulschluss und ehrenamtlich. Für einen Jugendlichen, der an starker Unterernährung litt, war dies eher eine Qual als eine Ehre, aber an Verweigerung war nicht zu denken. Bald jedoch merkte mein Vater, dass seine vermeintlich über alle Zweifel erhabenen Lehrer möglicherweise das Vertrauen gar nicht verdienten, das man ihnen zugesprochen hatte, als man sie mit der Verteilung der rationierten Lebensmittel betraute. Ihm fiel nämlich auf, dass er Empfänger in die Listen eintragen musste, von denen er zu wissen glaubte, dass sie bereits seit längerem in andere Stadtbezirke um- oder sogar ganz aus der Stadt fortgezogen waren. Er war sich aber nicht ganz sicher. Es konnte sich ja auch um zufällige Namensgleichheiten handeln. Einen falschen Verdacht gegen seine Lehrer zu äußern, denen er als Schüler einer wilhelminisch-autoritär geprägten Lehranstalt völlig ausgeliefert war, wäre ihn teuer zu stehen gekommen. Aber nach einigen Tagen hatte er Gewissheit: Ein Lehrer schob ihm einen Bezugschein zum Eintragen in die Liste zu – und ahnte nicht, dass Karl-Anton den darauf Genannten gekannt hatte: Er war sein unmittelbarer Nachbar gewesen – und er hatte kürzlich gemeinsam mit seiner Mutter an dessen Beerdigung teilgenommen. Jetzt hatte er Gewissheit: Die Lehrer betrogen die Gemeinschaft um dringend benötigte, knappe Lebensmittel, indem sie angebliche Empfänger erfanden und einen Teil der Lebensmittel im Lehrerzimmer verschwinden ließen. An diesem Tag verließ er das Gymnasium in einem sehr aufgewühlten Zustand – voller Verachtung für das Tun seiner Lehrer, die er bis dahin für integre und unantastbare Vertrauenspersonen gehalten hatte. Vor allem, weil er das Sterben seiner kleinen Geschwister miterlebt hatte, das sich mit besserer Versorgung vielleicht hätte vermeiden lassen, war er innerlich geradezu rasend vor Zorn, den er aber nicht offen zeigen durfte.

Irgendwann bemerkten seine Lehrer, dass sie in dem gerade 15-Jährigen einen hellwachen Beobachter gefunden hatten, der jeden ihrer Schritte bei der Verteilung der Lebensmittel beobachtete und durch seine Körpersprache und Mimik signalisierte: Ich habe euch durchschaut. Als er an diesem Nachmittag nach getaner Ehrenamtsarbeit das Gymnasium verlassen wollte, rief ihn sein Klassenlehrer ins Lehrerzimmer. Als er eintrat, standen auf einem separaten Tisch fünf Kilo Zucker, fünf Kilo Haferflocken und mehrere Dosen Schweineschmalz. »Das ist für dich«, sagte der Pädagoge nur. Nichts weiter.

Auch wenn er das damals natürlich nicht reflektierte: Zum ersten Mal wurde mein Vater mit der Methode konfrontiert, einen gefährlichen Mitwisser zum Nutznießer und damit zum Komplizen zu machen und sich so sein Schweigen zu erkaufen. Und er erfuhr am eigenen Leib, was die Redensart »Mir ist das Hemd näher als der Rock« bedeutet. Vor allem in Notzeiten ist sich jeder selbst der Nächste, und das Gewissen hat Zwangsurlaub.

Karl-Anton stopfte alles in einen der leeren Säcke, die nach dem Verteilen der Lebensmittelrationen zusammengefaltet und aufeinandergeschichtet in der Ecke des Zimmers lagen, und machte sich auf den Heimweg. Allmählich erst wurde ihm bewusst, was dieser Nachmittag bedeutete: Von nun an würden sie für einen langen Zeitraum keinen Hunger mehr leiden müssen. »Sie«, das meinte ihn und seinen ein Jahr jüngeren Bruder Hans. Zu Hause nahm er nur die Dosen mit dem Schweineschmalz aus dem Sack, ging damit in die Küche und stellte sie seiner Mutter wortlos auf den Tisch.

Die nahm die Dosen und stellte sie zu den übrigen kärglichen Lebensmittelvorräten. Nach der Herkunft des plötzlichen Segens fragte sie nicht. Den Sack mit Zucker und Haferflocken aber versteckte Karl-Anton unter der Treppe im Hausflur. Der sofortige Gang die Treppe hinauf in den ersten Stock hätte vielleicht das Misstrauen seiner Mutter geweckt. Deshalb machte er auch an diesem Nachmittag genau das, was er auch sonst immer tat: Hausaufgaben in der Küche und dann zum Sportplatz, wo er, wie gewöhnlich, seinen Bruder Hans traf. Nun musste alles reibungslos ablaufen. Und dafür musste er Hans unbedingt einweihen.

Es galt, die Haferflocken und den Zucker so schnell wie möglich und unbemerkt in ihr gemeinsames Zimmer zu bringen und dort zu verstecken. »Die Mutter schlägt uns tot, wenn sie uns erwischt«, gab sein Bruder zu bedenken – und war dann doch bereit mitzumachen. Als es am Abend Zeit wurde, zu Bett zu gehen, verließen die beiden Brüder, wie immer nacheinander, die unteren Wohnräume – jeder mit einem Arm voller Tüten. Zucker und Haferflocken verschwanden in einem Wandschrank hinter dem Bett von Hans. Früher war das einmal eine Türöffnung zum Nebenzimmer gewesen, aber irgendwann hatte jemand einen offenen Regalschrank in diese Nische gebaut. Der Teil unterhalb des untersten Regalbretts war mit Holz verkleidet und bildete einen idealen Hohlraum, der den beiden Brüdern schon früher als Versteck gedient hatte. Von diesem Abend an gab es als Tagesration für jeden der beiden Brüder zwei gestrichene Löffel Haferflocken gemischt mit zwei Löffeln Zucker, mehr nicht. Bei dieser Rationierung sollte der Vorrat für einige Monate reichen. Beide Brüder achteten peinlich darauf, dass weder eine Haferflocke noch ein Zuckerkrümel im Zimmer verstreut wurden, was sie eventuell hätte verraten können. Der Mutter fiel das gesündere Aussehen der beiden Brüder im Vergleich zu den übrigen Geschwistern zwar auf – aber welche Mutter forscht in Notzeiten schon nach, warum es ihren Kindern gut geht?

Später sagte mein Vater mir: »Mein Selbsterhaltungstrieb war damals größer als mein schlechtes Gewissen gegenüber meiner Mutter und meinen noch lebenden Geschwistern.« Ich glaube, dieses Schuldgefühl hat ihn sein Leben lang begleitet.

Gehe nie zu deinem Fürst, wenn du nicht gerufen wirst

Karl-Anton Ebert wurde zwar in Gelsenkirchen geboren, aber die Wurzeln der Familie lagen in Ostpreußen: im Ort Rosengarth unweit von Allenstein. Der dortige Hof seines Großvaters war zwar nicht mit den Gutshöfen der adligen Junker vergleichbar, aber doch deutlich größer als die ärmlichen Höfe der vielen »Eigenkatler«, wie man dort die Kleinbauern nennt. Auf dcm Anwesen der Eberts arbeiteten zur Erntezeit zwanzig bis dreißig meist polnische Saisonerntehelfer. Bei ihnen war der Hof der Eberts bekannt und beliebt, weil der vor der Saison vereinbarte Lohn am Ende verlässlich in voller Höhe ausgezahlt wurde – egal wie gut oder schlecht die Ernte ausgefallen war. Die Eberts profitierten ihrerseits davon, dass die Arbeitsleistung ihrer Saisonarbeiter ebenso verlässlich war.

Trotz der großen Entfernung zwischen Gelsenkirchen und Rosengarth waren Besuche der ganzen Familie auf dem großelterlichen Hof nichts Außergewöhnliches. Karl-Antons Vater war technischer Werkleiter der Gelsenkirchener Ofenwerke und hatte vor 1914 mehrfach die Aufgabe, polnische Gastarbeiter aus Masuren anzuwerben. Solche Werbefahrten dauerten meist mehrere Wochen. Während dieser Reisen hielten sich seine Frau und seine Kinder in seinem Elternhaus in Ostpreußen auf – bis der Vater genügend Arbeitswillige angeworben hatte und man gemeinsam ins Ruhrgebiet zurückkehren konnte.

Das Weihnachtsfest feierte die ganze Familie regelmäßig gemeinsam in Ostpreußen. Allein die lange Bahnfahrt von Gelsenkirchen nach Allenstein mit mehrfachem Umsteigen war für die Kinder ein Erlebnis. Auch seine Schulferien verbrachte Karl-Anton Ebert zusammen mit seinen jüngeren Geschwistern einige Male auf dem Hof in Ostpreußen. Es waren, so sollte er mir später einmal sagen, die glücklichsten Zeiten seiner Kindheit.

Aber dieses Glück endete 1914 abrupt. Kurz vor Kriegsbeginn starben Karl-Antons Großeltern; er war damals zehn Jahre alt. Nach damaligem Brauch erbte der älteste Sohn, also Karl-Antons Onkel Johann, den großväterlichen Hof. Der Vater und seine Schwester, Tante Martha, die mit ihrem Mann Stanis, einem gebürtigen Polen, ebenfalls in Gelsenkirchen wohnte, erhielten jeweils die für damals durchaus stattliche Summe von 20 000 Goldmark. Mit diesem Erbe wollten die beiden Geschwister sich eine gemeinsame Zukunft in Gelsenkirchen aufbauen. Sie kauften ein großes Baugelände am Stadtrand, um dort – mit dem Kapital und viel Eigenleistung – eine ganze Reihe von Mietshäusern zu errichten. Denn es kamen immer mehr Menschen ins Ruhrgebiet, weil es dort Arbeit gab, und die Nachfrage nach bezahlbarem Wohnraum war enorm.

Aber dann bricht am 28. Juli 1914 der Erste Weltkrieg aus. Für das gerade begonnene Bauvorhaben ist das ein doppeltes Desaster. Zum einen werden alle wehrfähigen Männer zum Militärdienst einberufen, also auch praktisch alle Bauhandwerker, und zum anderen setzt eine Geldentwertung ein, die das ererbte Vermögen schnell dahinschmelzen lässt. Zum Glück erweist Tante Martha sich als tüchtige Geschäftsfrau und Organisatorin. Deshalb gelingt es in den ersten beiden Kriegsjahren, immerhin zwei Häuser fertigzustellen. Als

Karl-Antons Vater 1917 oder 1918 mit 40 Jahren doch noch einberufen und an die Westfront abkommandiert wird, muss das Bauprojekt in großer Eile für die Dauer seiner Abwesenheit ganz in die Hände seiner Schwester gelegt werden. Nach seiner Rückkehr würde man dann neue Verträge schließen, um die Eigentumsverhältnisse wieder zu entflechten. Dass man dann in eine goldene Zukunft blicken würde, weil man den Krieg gewinnen werde – davon sind damals alle überzeugt.

Solange sein Vater noch zu Hause bei der Familie war, hatte das Gymnasium Karl-Anton keine Schwierigkeiten bereitet. Das lag vor allem daran, dass die Lehrer des Gymnasiums ihn als Sohn des leitenden Werkmeisters in einer der größten Spezialfabriken des Ruhrgebiets mit respektvoller Distanz behandelten. Das Gegenteil von respektvoller Distanz hingegen erlebt er in seiner Schulklasse. Es ist ein morgendliches Ritual der Grausamkeit, das sich täglich nach dem gemeinsamen Gottesdienst abspielt. Der Klassenlehrer, Studienrat Riese, ist ein eher kleines hageres Männlein mit Nickelbrille und einer kerzengraden Körperhaltung, die wohl betonen soll, dass er nicht gewillt ist, sich auch nur einen Zentimeter kleiner zu machen, als es seine Statur hergibt. Sein Durchsetzungsvermögen ist bei seinen Schülern berüchtigt und gefürchtet, weshalb er schon früh den Spitznamen »Studienrat Stöcklein« erhalten hat. Sein Morgenritual läuft stets gleich ab: Wer dem morgendlichen Kirchgang ferngeblieben, zu spät gekommen oder durch ein kurzes Flüstern mit seinem Nebenmann in der Kirche oder einen unbedachtem Blickwechsel oder ein sonstiges Vergehen aufgefallen ist, der bekommt gleich vor Unterrichtsbeginn zuerst einmal eine ordentliche Tracht Prügel mit dem Rohrstock. Vier bis fünf Delinquenten am Morgen sind die Regel – aber auffälligerweise treffen diese regelmäßigen

Schläge ausschließlich Schüler aus sozial schwachen Elternhäusern, aus denen keine Beschwerde zu erwarten ist.

Nur einmal gibt es eine Atempause: Der Vater von Karl-Antons Klassenkamerad Alfons, ein Urgestein von einem Bergmann, erscheint eines Morgens während der ersten Pause auf dem Schulhof und prügelt Riese, der die Schulhofaufsicht führt, nach nur kurzem Wortwechsel krankenhausreif. Obwohl der Lehrer jämmerlich um Hilfe ruft, greift niemand ein, um ihm zur Hilfe zu kommen. Alfons ist ein kleiner kluger Kerl, nur sind seine Eltern nicht in der Lage, das Schulgeld für das Gymnasium aufzubringen. Es wird von einer Stiftung der Zeche bezahlt, in der sein Vater arbeitet. Der Krankenhausaufenthalt von Studienrat Riese dauert leider nur zwei kurze Wochen. Alfons Vater kommt nach einer Anzeige wegen Körperverletzung vor Gericht, erhält eine Gefängnisstrafe von mehreren Monaten und verliert seinen Arbeitsplatz in der Zeche. Alfons wird von der Schule verwiesen. Studienrat Riese kommt nach seinem Krankenhausaufenthalt zurück in den Schuldienst und kann seine sadistische Ader ungehindert weiter ausleben – was er auch tut. Jeder weiß um die Willkür und Brutalität seiner Prügelorgien, aber niemand schreitet ein. Eine bittere Lektion für meinen Vater: Auch offensichtliches Unrecht wird nicht geahndet, wenn das der Autorität einer Institution schaden würde.

Als Karl-Antons Vater eingezogen wird, legt Lehrer Riese die bisherige respektvolle Distanz ganz schnell ab. Nun gehört auch mein Vater zu den unterprivilegierten Prügelbeziehern. So wird ihm das Gymnasium, das er bis dahin gerne besucht hat, schnell unerträglich. Und je mehr Deutschland dem Kriegsende entgegentaumelt, desto schlimmer wird das Leben für Karl-Anton. Die Ernährungslage ist unerträglich; den Tod seiner drei kleinen Geschwister hat er hautnah und hilflos miterleben müssen; der Vater ist zwar am Leben, aber verwundet im Lazarett und kann ihm nicht helfen; die verzweifelte Mutter gibt ihr Bestes, ist aber mit der Situation völlig überfordert. Im Frühsommer 1919 ist Karl-Anton fünfzehn Jahre alt – und entschließt sich zu einem Schritt, den er in seinen geheimsten Gedanken schon über mehrere Wochen immer wieder durchgespielt, aber mangels Mut immer wieder verworfen hat. Und auch, weil er davor zurückscheut, der Mutter damit weiteres Leid anzutun. Aber irgendwann ist es dann doch so weit. An einem Abend im Mai 1919 teilt er mit seinem Bruder Hans die letzten Vorräte an Haferflocken und Zucker auf, der sich zwar wundert, aber nicht nachfragt. Am nächsten Morgen geht er wie üblich mit seiner Schultasche aus dem Haus, aber statt den Weg zur Schule schlägt er den zum Güterbahnhof ein und klettert dort unbemerkt in einen Waggon, der bereits beladen und mit dem Zielort Berlin beschriftet ist. Sein Ziel ist sein Onkel Johann und dessen Bauernhof in Ostpreußen. Er weiß, dass es ein langer Weg wird; aber selbst wenn Rosengarth am Ende der Welt gelegen hätte, hätte er sich aufgemacht.

Der Hof in Ostpreußen sind in seiner Erinnerung die heile Welt und der Himmel – und das Leben in Gelsenkirchen ist die Hölle. Die Gedanken an die Mutter blendet er aus. Als er die schwere Tür des Waggons zur Seite geschoben hat und hineingeklettert ist, schiebt er die Tür, so gut er kann, in die alte Position zurück, macht es sich in der hintersten Ecke zwischen unzähligen Kisten und Kästen so bequem, wie es nur geht, und wartet. Den üblichen Inhalt seiner Schultasche hat er ausgetauscht gegen den wenigen Proviant, dessen er habhaft werden konnte: neben Zucker und Haferflocken auch ein paar Nüsse und Möhren sowie zwei Tonflaschen mit Wasser. Es vergehen qualvolle Stunden, in denen er im Güterwaggon sitzt und wartet – und nichts geschieht. Als sich der Zug endlich mit einem heftigen Ruck in Bewegung setzt, ist es fast schon Mittag. Das eintönige

Klack-Klack, Klack-Klack der Eisenräder auf den Schienensträngen lässt ihn, eingehüllt in seinen warmen Mantel, irgendwann einschlafen.

Fast eine Woche dauert die Reise, immer versteckt in Güterwaggons. Zweimal steigt er um – immer auf der Hut, nicht entdeckt zu werden. Die Beschriftungen auf den Waggons sind mit ihrer deutschen Gründlichkeit stets ein sicherer Hinweis auf den richtigen Weg. Der Zielbahnhof des Wagens, in den er zuletzt geklettert ist, heißt Königsberg. Die damalige Hauptstadt von Ostpreußen liegt allerdings schon jenseits seines eigentlichen Ziels Allenstein. Auf dieser letzten Etappe seiner Reise hat er plötzlich einen Mitreisenden, der in der Nacht, während eines Stopps, ebenfalls in seinen Waggon gestiegen ist: ein ehemaliger Soldat. Er ist nur unwesentlich älter als Karl-Anton Ebert, gezeichnet von den Grauen des Krieges, die er an der Westfront erlebt hat – und auf der Flucht vor sich selbst. Was er erzählt, ist unvorstellbar und zum Teil wirr. Aber beide verstehen sich. Sie sind eine Schicksalsgemeinschaft – und für Karl-Anton Ebert ist es ein besonderer Glücksfall, denn der Soldat kennt sich aus in Ostpreußen. Es ist seine Heimat. Als der Zug in der Nähe von Allenstein auf offener Strecke an einem Signal halten muss, steigt Karl-Anton aus, und die Wege der beiden trennen sich wieder. Mein Vater ist wieder allein unterwegs. Seine spärlichen Vorräte sind endgültig aufgebraucht. Teils zu Fuß, teils auf Pferdefuhrwerken freundlicher Bauern gelangt er zuerst nach Allenstein und dann bis zum Hof des Onkels nach Rosengarth. Als er dort nach einer langen Woche ankommt, ist das Mitleid über seinen körperlichen Zustand derart groß, dass der Onkel sich entschließt, dem jungen Ausreißer keine Vorwürfe zu machen, sondern ihm erst einmal zum Normgewicht eines Jugendlichen zu verhelfen. Unterernährung und die Strapazen der Reise haben ihn deutlich gezeichnet – aber gebrochen haben sie ihn nicht. Er ist zwar erst fünfzehn Jahre alt, aber im Wesen fast ein Erwachsener geworden, ausgestattet mit einem eisernen Willen und einer starken Selbstdisziplin. Hier auf dem Hof des Onkels wird er fast zwölf Monate verbringen. Eine glückliche Zeit, von der er hofft, dass sie nie enden möge. Jede zweite Woche fährt sein Onkel nach Allenstein, um Erzeugnisse aus seiner Landwirtschaft auszuliefern. Bereits bei der ersten Fahrt nach Antons Ankunft hat er einen Brief an seine Schwägerin in Gelsenkirchen aufgegeben, um ihr zu melden, dass sich ihr Ältester wohlauf bei ihm in Ostpreußen befinde. »Mach dir keine Sorgen, es geht ihm gut.« Karl-Anton hofft innig, dass dieses Schreiben seine Empfängerin nie erreichen möge, damit aus seinem Aufenthalt in Rosengarth einer für immer werde. Wo er kann, hilft er auf dem Hof bei der Arbeit und macht sich nützlich. Die Arbeit in der Landwirtschaft macht ihm Freude. Sein Onkel ist nicht verheiratet und hat keine Kinder – warum sollte er nicht für immer bleiben dürfen? Je mehr Zeit ins Land geht, ohne dass eine Antwort aus Gelsenkirchen kommt, desto unbeschwerter wird er. Anders als zuhause hat er hier ein eigenes Zimmer – das frühere Schlafgemach der Großeltern. Über der Tür zu diesem Raum hängt ein geschnitztes Eichenbrett, auf dem kunstvoll ein merkwürdiger Satz eingeritzt ist:

»Gehe nie zu deinem Fürscht, wenn du nicht gerufen würscht.«

»Was bedeutet der Satz?«, fragt er einmal seinen Onkel Johann; und dieser erzählt ihm folgende Geschichte:

»Unsere Äcker südlich von unserem Hof grenzen unmittelbar an die Felder einer Junkerfamilie. In mehreren aufeinanderfolgenden Jahren musste dein Großvater einst feststellen, dass sein dortiger Acker immer kleiner und der Acker der Adelsfamilie immer größer wurde, weil die Grenzsteine wiederholt zu Gunsten des Junkers versetzt wurden. Irgendwann fasste sich dein Großvater ein Herz und verklagte die Junkerfamilie. Der Sachverhalt war zwar eindeutig, aber der Richter, ebenfalls ein Junker und mit dem Beklagten verwandt, tat sich schwer, zu einem Urteil zu kommen. Er unterbrach die Verhandlung, um mit jeder Partei unter vier Augen zu sprechen. Das Vieraugengespräch mit deinem Großvater hörte sich folgendermaßen an: ›Ich sehe hier keinen eindeutigen Sachverhalt, vor allem, wenn ich gegen einen meiner Verwandten ein Urteil fällen soll. Ich könnte mir aber vorstellen, dennoch zu deinen Gunsten zu entscheiden. Wie ich gehört habe, hast du dir ein drittes Pferdegespann mit neuem Pflug für deinen Hof angeschafft. Wenn du dich bereit erklären würdest, in der nächste Saison einen meiner Äcker damit zu bewirtschaften, würde mir das Urteil leichter fallen.‹

Was sollte dein Großvater tun? Wollte er den Prozess gewinnen, blieb ihm nichts anderes übrig, als den Vorschlag des Richters anzunehmen – in der Hoffnung, dass der zu bewirtschaftende Acker vielleicht nicht allzu groß sein möge. Also nahm er den Vorschlag an und gewann den Prozess. Sein neues Gespann mitsamt Knecht, den er ja auch bezahlen musste, war für die gesamte folgende Saison ein Totalausfall; denn der zu bewirtschaftende Acker des Richters war riesig. Das Schild über der Tür soll unsere Familie immer daran erinnern, wie schwer es ist, in diesem Land zu seinem Recht zu kommen.«

Nach dieser Geschichte aus dem Leben seines Großvaters begann Karl-Anton die Welt, in der er lebte, mit anderen Augen zu sehen. Deutschland war eine Klassengesellschaft – aber wo war sein Platz darin?

Und dann kam der Tag, von dem er immer gehofft hatte, dass er nie käme: Sein Onkel Johann brachte aus Allenstein einen Brief mit. Darin schrieb Karl-Antons Vater, Johanns Bruder, dass er seine Kriegsverletzung endlich überstanden und auch seine alte Stelle als Werkmeister in den Ofenwerken wiederbekommen habe. Sobald als möglich, werde er sich per Bahn auf den Weg machen, um seinen Ältesten abzuholen. Vor diesem Wiedersehen fürchtete sich Karl-Anton Ebert, denn er kannte seinen Vater als zwar gerechten, aber zugleich strengen Mann. Seine Angst vor dem Wiedersehen am Bahnhof von Allenstein erwies sich jedoch als unbegründet. Sein Vater, einst ein stattlicher, sportlicher Mann, war nur noch ein Schatten seiner selbst. Vom Krieg, von der Verwundung und dem langen Lazarettaufenthalt gezeichnet, nahm er den Sohn, anders als befürchtet, väterlich in die Arme. Karl-Anton spürte in diesem Moment: Es würde alles gut werden.

Auf der über 1200 km langen Rückfahrt nach Gelsenkirchen, die mehrere Tage dauerte, kam Karl-Anton Ebert erstmals in seinem Leben seinem Vater näher. Er erzählte ihm von seinem Martyrium am Gymnasium, von Entbehrung und Leid während des Krieges und vom schlechten Gewissen gegenüber seiner überforderten Mutter. Nur von einem erzählt er nicht: vom Vorrat an Zucker und Haferflocken und wie er dazu gekommen ist. Und er hofft, dass auch sein Bruder Hans das Geheimnis bewahrt. Während der Fahrt ringt Karl-Anton seinem Vater das Versprechen ab, dass er nicht mehr zurück aufs Gymnasium muss. Nie mehr zu Studienrat Riese. Dieser sollte übrigens gegen Ende seiner beruflichen Laufbahn noch einmal befördert werden. Bei seiner Pensionierung war er Oberstudienrat – und stolz darauf, in seiner Zeit als Lehrer diverse Schüler vom Gymnasium geprügelt zu haben.

Zurück in Gelsenkirchen teilt Karl-Anton sich wieder das Zimmer mit seinem Bruder Hans. Trotz der langen und ermüdenden Bahnfahrt bleiben die beiden Brüder lange wach und tauschen sich darüber aus, was sie im letzten Jahr alles erlebt haben. Karl-Anton erzählt von seiner Reise als blinder Passagier in den Güterwaggons der Reichsbahn und der Zeit auf dem Bauernhof in Ostpreußen; Hans von seiner ersten Lehrstelle als Bäcker und seinem Eintritt in den örtlichen Fußballverein Schalke 04. Dort hat er etwas geschafft, worauf er besonders stolz ist: Er ist nur unter der Bedingung in den Verein eingetreten, dass sein Trainer ihn in seinem Spielerpass um ein Jahr älter macht. Er wollte nicht mit den »Kleinen« spielen. Und so findet man bis heute, wenn man im Internet die Spieler des FC Schalke 04 aufruft, das falsche Geburtsdatum. Dort steht: *Hans Ebert, 25.12.1903*. Geboren wurde er aber erst am 1. Weihnachtstag des Jahres 1904.

Aber ein Thema sparen die Brüder in dieser Nacht aus. Erst viele Jahre später – ich war schon auf der Welt und erinnere mich genau an die Szene – hat Karl-Anton es endlich gewagt und seinen Bruder gefragt, was ihn seit 1919 bewegte und belastete:

»Was hat eigentlich unsere Mutter dazu gesagt, als sie merkte, dass ich fortgelaufen bin. Hat sie sehr gelitten?« Hans druckste zuerst herum, entschloss sich dann aber, die Wahrheit zu sagen. »Sie hat nicht viel gesagt«, antwortet sein Bruder – und nach kurzem Zögern. »Sie hat eigentlich nur einen Satz dazu gesagt, an den ich mich erinnere: ›Ein Esser weniger.‹« Ich weiß noch genau, wie diese Auskunft meinen Vater getroffen hat.

Lehrjahre

Das Bauvorhaben der Eberts, das man vor dem Ersten Weltkrieg begonnen hatte, ist längst zum Erliegen gekommen. Außer den zwei fertigen Häusern sind alle noch im Rohbau.

Karl-Antons Vater, durch seine schwere Kriegsverletzung geschwächt, ist mit seiner Arbeit in den Ofenwerken genug gefordert. Und dann erkrankt seine Schwester Martha plötzlich und stirbt binnen kurzer Zeit an Krebs. Etwa drei Monate nach dem Tod der Tante erscheint im Haus der Eberts ihr Witwer Stanislaw. Stanis, wie er nur genannt wird, war die große Liebe seiner Tante Martha gewesen und ist jetzt ihr legitimer Erbe. Über seiner rechten Schulter hängt lässig ein Rucksack. Als Karl-Anton ihm die Tür öffnet, verlangt er etwas verlegen, unter vier Augen mit seinem Schwager sprechen zu dürfen. Die beiden Männer ziehen sich ins Wohnzimmer zurück. Es dauerte etwa eine halbe Stunde, bis Onkel Stanis das Haus wieder verlässt, ohne dass er sich beim Rest der Familie verabschiedet hätte. Karl-Antons Vater sieht blass aus und zittert leicht, als er wieder in die Küche kommt. »Was war los?«, fragt die Mutter. Wortlos hält der Vater ihr den Rucksack hin, den Onkel Stanis mitgebracht hat. »Er hat alles verkauft. Das ganze Baugelände hat er verkauft und geht nach Amerika. Schließlich hat er seine Frau rechtmäßig beerbt, sagt er; denn alles lief auf ihren Namen. Alles ist damals notariell geregelt worden, als ich in den Krieg musste. Er hat mir die Urkunden gezeigt. Ich glaube, er hat das schon geplant, als Martha noch lebte. Mein Erbe befindet sich in diesem Rucksack.« Antons Mutter nimmt ihm den Lederbeutel aus der Hand und öffnet ihn. Was sie sieht, lässt ihr die Tränen in die Augen schießen: Der Rucksack ist vollgestopft mit Notgeld. »Dieser verdammte Polack!« Es ist das erste Mal, dass Karl-Anton Ebert seine Mutter derart fluchen hört. Und er lernt in diesem Moment, dass man ganz legal handeln und dennoch ein gemeiner Betrüger sein kann.

»Heut ist der Tag des Herrn …« Dieses Lied gehört zum Lieblingsrepertoire von Karl-Anton Ebert während der Morgentoilette. Und am lautesten singt er es immer dann, wenn die Mitte des Monats erreicht ist und sein Lehrlingsgehalt ausgezahlt wird. Schon wenige Wochen nach seiner Rückkehr aus Ostpreußen hat sein Vater ihm die kaufmännische Ausbildung bei den Ofenwerken in Gelsenkirchen-Schalke vermittelt. Das entsprach zwar nicht den Neigungen des jungen Mannes, der ein guter Sportler ist und einen Hang zur Kunst hat, sowohl zur Musik und auch zur Malerei. Aber die Zeiten sind nun mal nicht anders, und die Ausbildung zum Kaufmann in einem der größten damaligen Spezialunternehmen in Deutschland mit mehreren tausend Arbeitern ist eine Chance – vielleicht auch zur Wiedergutmachung für die Sorgen, die er seinen Eltern bereitet hat. Zu seinen persönlichen Markenzeichen gehört ab jetzt ein immer perfekt sitzender Anzug mit weißem Hemd und Krawatte. So wird er von nun an – bis auf seine Zeit als Soldat – bis ins hohe Alter auftreten.

Sehr bald erfährt er, dass ihm als Sohn des technischen Werkleiters in der Buchhaltung keinerlei Privilegien zugestanden werden. Im Gegenteil, jeden Schritt und jeden Erfolg muss er sich hart erarbeiten. Aber das spornt ihn nur an – und bald ist er der Beste. Und was er nicht lernen kann, lehrt ihn das Leben. Von einer dieser Erfahrungen hat er mir einmal erzählt:

In seinem zweiten Lehrjahr, es ist das Jahr 1921 und er ist 17 Jahre alt, kommt an einem Vormittag der leitende Direktor des Betriebs ins Büro der Buchhaltung, steuert direkt seinen Schreibtisch an und gibt ihm folgenden Auftrag. »Ebert, gehen Sie in die Produktion zu Ihrem Vater und lassen Sie ihn anordnen, dass heute nach Arbeitsende um 17 Uhr für die Montageabteilungen vier und fünf eine Betriebsversammlung stattfindet. Sämtliche Arbeiter und auch die Montagemeister dieser Abteilungen haben anwesend zu sein. Auch von Ihrem Vater verlange ich, dass er anwesend ist. Wenn Sie das ausgerichtet haben, melden Sie sich wieder in meinem Büro.«

Also macht sich Karl-Anton Ebert auf den Weg zu den Werkshallen, um seinen Vater zu suchen. An diesem Tag scheint das besonders schwierig zu sein – er kann ihn auf dem weitläufigen Werksgelände nirgends finden. Nachdem er fast eine Stunde herumgeirrt ist, läuft ihm ein Vorarbeiter über den Weg, von dem er weiß, dass er ein direkter Mitarbeiter seines Vaters ist. Er spricht ihn an. Der Vorarbeiter kann ihm zwar auch nicht sagen, in welchem Bereich des riesigen Werksgeländes sein Vater sich im Moment aufhält, sagt ihm aber, dass er um 11:30 Uhr zu einer Besprechung in der Halle der Gasofenmontage mit ihm verabredet sei. Da das noch eine gute Stunde hin ist, bitte Karl-Anton den Vorarbeiter, die Anordnung des Direktors an seinen Vater weiterzugeben, was dieser ihm auch verspricht. Froh, den Auftrag des Direktors in dieser eleganten Weise ausgeführt zu haben, geht Karl-Anton Ebert zurück zu dessen Büro. Er passiert den Schreibtisch der Sekretärin, die über sein Kommen Bescheid zu wissen scheint, weil sie ihm, ohne ihn aufzuhalten, aufmunternd zunickt. Er klopft artig an die Tür und tritt erst ein, als von drinnen die Aufforderung »Herein« zu hören ist. Er berichtet von der Erledigung des Auftrags. Der Direktor hört ihm zu, ohne auch nur einmal von seinen Unterlagen aufzuschauen. Als Karl-Anton Ebert geendet hat, bekommt er folgende Belehrung:

»Ebert, merken Sie sich für die Zukunft und als Mann meiner Verwaltung: Mit einem einfachen Arbeiter spricht man nicht. Gehen Sie wieder zurück an Ihren Arbeitsplatz.«

Die nächste Lektion seines jungen Lebens lautet also: Deutschland bleibt auch nach dem Ende des Kaiserreichs eine Klassengesellschaft. Nur die Akteure in der ersten Reihe haben gewechselt.

Als er seine Ausbildung 1922 abschließt, bekommt er dank seines guten Abschneidens eine Festanstellung in der Bilanzbuchhaltung der Ofenwerke. Er ist jetzt achtzehn Jahre alt – und seine Leidenschaft in der Freizeit gilt dem Fußball. Er ist ein guter Sportler und Fußballer, aber nicht im Ansatz so gut wie sein nur elf Monate jüngerer Bruder Hans. Der kickt im Sturm zusammen mit den späteren Fußballlegenden Ernst Kuzorra und dessen Schwager Fritz Szepan – Ende der 20er sogar eine Zeit lang in der ersten Mannschaft. Kuzorra und Szepan gehören schon lange zu ihren Freunden; sie haben sich beim Straßenfußball kennengelernt. Fritz Szepan ist Klempnerlehrling. Er ist also einer von denen, mit dem Karl-Eberhard nach der Belehrung seines Direktors nicht verkehren dürfte. Karl-Anton Ebert beschließt aus innerer Überzeugung, solchem Standesdünkel nie zu folgen. Er lehnt es aus innerster Überzeugung ab, Menschen nach ihrer Herkunft und ihrem sozialen Status zu beurteilen.

Das Glück einer festen Anstellung währt nur relativ kurz. Im Zuge der Hyperinflation 1923 (am Ende kostet 1 Dollar 4,2 Billionen Goldmark) bricht die deutsche Wirtschaft weitgehend zusammen, und viele Menschen verlieren ihre Arbeit. Für Karl-Anton Ebert kommt das Aus »erst« 1926 – aber es trifft ihn hart. Er ist 22 Jahre alt und zum ersten Mal in seinem Leben arbeitslos. Bei den Ofenwerken hat es viele Entlassungen gegeben, aber auf kleiner Flamme wird auch in der schlechtesten Zeit noch weiterproduziert. Sein Vater hat an einer automatischen Abschaltung für Gasherde gearbeitet und darauf ein eigenes Patent angemeldet. Er gehört deshalb zu den wenigen Unentbehrlichen der Ofenwerke, die ihren Arbeitsplatz behalten. Auch sein Bruder Hans ist als Bäcker nicht von Arbeitslosigkeit betroffen. Die Familie Ebert gehört somit auch in der schlechtesten Zeit noch zu den wenigen Glücklichen in der Stadt, die über ein geregeltes Einkommen verfügen. Karl-Anton aber lernt das grausame Gefühl kennen, nicht gebraucht zu werden.

Der Nationalsozialismus

1932 zieht die Familie ins Rheinland um. Karl-Antons Vater ist wegen seiner Kriegsverletzung vorzeitig pensioniert worden und hat in einem kleinen Dorf am Rhein, einem Ortsteil der Stadt Remagen, ein Anwesen mit einigen Gärten und Wiesen gekauft, auf denen die Familie im Nebenerwerb Obstbau betreiben will. Hans hat ein Jahr zuvor geheiratet und bleibt als Einziger aus der Familie in Gelsenkirchen. Karl-Anton hat ein gespaltenes Verhältnis zu diesem bevorstehenden Umzug. Die Gemeinschaft bei Schalke 04 mit all seinen Freunden und seinem Bruder wird ihm fehlen. Nicht aber die Stadt mit ihrer schmutzigen Industrie, der Gewalt der rivalisierenden Schlägertrupps von Kommunisten und Nationalsozialisten und dem Elend großer Teile der Bevölkerung, die um ihr tägliches Überleben kämpfen. Bevor die Familie umzieht, vollzieht er noch einen Schritt, von dem er nicht weiß, ob er gut oder schlecht ist: Er wird Mitglied der NSDAP. Dass er als gesunder, tatkräftiger und gut ausgebildeter junger Mann seit nunmehr sechs Jahren arbeitslos ist, spielt dabei sicher eine entscheidende Rolle. In dieser Phase seines Lebens leuchtet ihm die Idee eines »nationalen Sozialismus« jedenfalls ein.

Das Leben in dem kleinen Rheindorf ist ein Kontrastprogramm zur Stadt. Zwar sind auch hier die meisten Menschen arm, aber man weiß sich zu helfen. Viele betreiben im Nebenerwerb Landwirtschaft oder haben zumindest einen eigenen Garten, in dem das Notwendigste für den täglichen Bedarf angebaut wird. Existenzielle Not, wie er sie im Ruhrgebiet erlebt hat, gibt es hier nur bedingt, denn man hilft sich auch gegenseitig. Und es gibt noch etwas, das ihm zwar nicht ganz fremd ist, ihn aber dennoch befremdet: Man ist katholisch, oder besser gesagt: erzkatholisch. Auch er stammt aus einem katholischen Elternhaus und ist in diesem Sinne erzogen worden, aber den direkten Einfluss der katholischen Kirche, wie er hier durch den örtlichen Pfarrer bis in jede Familie hinein ausgeübt wird, den kannte er bis dahin nicht.

Dem gelebten Katholizismus auf dem Dorf kommt er noch um einen Quantensprung näher, als er die Familie eines Mädchens kennenlernt, in das er sich schon bei der ersten Begegnung verliebt und das er zwei Jahre später heiraten wird. Es ist eine liebe Familie mit nicht weniger als acht Kindern, von denen die älteste Tochter als Nonne in einem katholischen Kloster lebt und der älteste Sohn als Priester und Missionar im Auftrag seines Ordens nach Japan entsandt worden ist. Reibungspunkte hat Karl-Anton Ebert nur mit dem jüngsten der vier Brüder, der ein großes Notariat in Köln leitet. Er gehört der katholischen Sportvereinigung »Deutsche Jugendkraft« (DJK) an und hat in seinem Elternhaus diverse Utensilien dieses katholischen Vereins versteckt. Versteckt deshalb, weil die DJK von den mittlerweile an die Macht gelangten Nationalsozialisten verboten worden ist. Mit dem NSDAP-Mitglied Karl-Anton Ebert und dem führenden DJK-Mitglied treffen zwei vollkommen verschiedene Temperamente und Weltanschauungen aufeinander, die bei allem Bemühen um sachliche Argumentation nicht zusammenpassen wollen. Wurde die Ablehnung des Nationalsozialismus im Ruhrgebiet vor 1933 in offenen Straßen- und Saalschlachten, mit Fäusten und Schlagstöcken ausgetragen, äußert sie sich im Rheinland nach der Machtübergabe an Hitler eher als passiver Ungehorsam unter Anleitung von Teilen der katholischen Kirche.

In die Familie seiner Braut ist Karl-Anton Ebert trotz seiner Parteizugehörigkeit offen aufgenommen worden – und man ist ihm gegenüber auch ganz offen. Dies zeigt sich besonders anschaulich an einem Sommerabend im Jahr 1933, als die ganze Familie im Hof zusammensitzt und nur die Mutter seiner Braut in der Küche am Radio einer Rede Adolf Hitlers oder Joseph Goebbels' folgt. Plötzlich ruft sie mit energischer Stimme nach draußen: »Kommt alle mal schnell ins Haus, das müsst ihr euch anhören.« Als endlich alle vor dem Radio versammelt sind und der Rede lauschen – genauer: dem Gebrüll eines Menschen, der ohne Unterbrechung zu toben scheint –, kommentiert seine zukünftige Schwiegermutter in sachlichem Ton: »Satan spricht.«

Dieselbe Schwiegermutter fertigt übrigens später eine Abordnung der NSDAP ab, die ihr das Mutterkreuz überreichen will: »Meine Kinder sind vom lieben Gott und aus Liebe entstanden. Die haben mit dem Führer nichts zu tun.«

In seiner neuen Heimat hat er neben seiner großen Liebe Henriette und dem familiären Anschluss wie erwähnt auch Sportfreunde gefunden. Aber ebenso schnell auch seinen Spitznamen: »Der Angeber«. Den hat er in erster Linie der Liebe zu seinem ehemaligen Fußballverein, zum FC Schalke 04 zu verdanken. Im Fußballverein SVK des kleinen Rheindorfs spielt er im Sturm einen recht passablen Fußball. Wenn er dann abends gemeinsam mit seinen neuen Sportkameraden an der Biertheke steht und von seinem ehemaligen Verein schwärmt, vom Straßenfußball mit den mittlerweile in ganz Deutschland populären Fritz Szepan und Ernst Kuzorra, die ein paar Jahre lang mit seinem jüngeren Bruder Hans den Sturm der Schalker Mannschaft gebildet hätten, wird er manchmal belächelt oder sogar ausgelacht. Erst recht, wenn er erzählt, dass sein Bruder die ideale Ergänzung zu den beiden Ballakrobaten gewesen sei, weil seine gewaltige Schusskraft regelmäßig das Netz des gegnerischen Tors zerfetzte. Solche unglaublichen Geschichten kommen bei der Dorfjugend nicht gut an. Der Fußballverein Schalke 04 ist zwar auch hier ein Begriff, und die Namen Szepan und Kuzorra sind vielen geläufig, aber von einem Hans Ebert im Schalker Sturm hat noch nie jemand etwas gehört. Und dann gibt es da noch die überdimensionierte Größenbeschreibung des Bauernhofs in Ostpreußen und der Gelsenkirchener Ofenwerke, die so groß seien, dass sich ein Fremder auf dem Werksgelände verlaufen könne, und die mehr als 2000 Mitarbeiter beschäftigten. Es scheint also nur logisch, dass man es hier mit einem Aufschneider und Angeber zu tun hat.

An einem Sonntagnachmittag im Sommer 1932 jedoch ergibt sich die Gelegenheit, etwas zurechtzurücken. Der SVK spielt mit Karl-Anton im Sturm gegen den Tabellenführer der Bezirksliga. Zur Halbzeit steht es 0:3, und es sieht nicht so aus, als ob der SVK das Spiel noch einmal drehen könne. Hans Ebert, zum ersten Mal seit langem zu Besuch bei der Familie in dem kleinen Rheindorf, hat das Spiel vom Spielfeldrand aus beobachtet und ist zur Pause mit in den Umkleideraum gekommen. »Wir tauschen mal die Sachen«, sagt er zu seinem älteren Bruder. Die beiden haben die gleiche körperliche Statur. Sie sind keine Zwillinge, aber dennoch sehen sie sich zum Verwechseln ähnlich. Nach einer kurzen Diskussion mit den anderen Spielern der Mannschaft ist klar: »Wir machen das!« – aber nur für eine Viertelstunde, dann soll Hans eine Verletzung vortäuschen, vom Feld humpeln und unauffällig wieder durch Karl-Anton ersetzt werden. Was dann passiert, ist für die Zuschauer und die Mannschaft des SVK eine Sensation und im Dorf lange Zeit Gesprächsstoff. Hans Ebert gibt eine Kostprobe dessen, was man draufhaben muss, wenn man einmal in der ersten Mannschaft des FC Schalke 04 gespielt hat. Bereits nach einer Viertelstunde steht es 3:3 – und der letzte Schuss ist wie eine Granate durchs Hanfnetz gerauscht. Es hat, für alle sichtbar, ein Loch, und der Ball muss aus dem angrenzenden Garten zurückgeholt werden. Nach diesem Schuss humpelt Bruder Hans zum Spielfeldrand und von da in die Umkleidekabine, wo die beiden Brüder wieder ihre Kleider tauschen. Er selbst macht sich unbemerkt auf den Heimweg, damit kein gegnerischer Funktionär ihn in der recht kleinen Zuschauerschar entdeckt. So mancher Einheimische hat längst durchschaut, was hier gerade geschehen ist, aber man hält natürlich dicht. Karl-Anton kehrt nach kurzer Zeit wieder aufs Spielfeld zurück. Das Ergebnis heißt bis zum Schlusspfiff 3:3 unentschieden.

»Hät der Anjewer doch nit zo vill versproche«, lautet der anerkennende Kommentar eines Zuschauers aus dem Dorf, den Karl-Anton auf dem Weg in die Kabine aufschnappt. Was für ihn aber auch heißt: Er wird diesen Spitznamen nie wieder loswerden. Hier wird er zeitlebens ein Außenseiter bleiben – und er findet sich damit ab. So ist das Leben auf einem Dorf eben.

Beruflich ist der Umzug in das kleine Dorf im Rheinland für Karl-Anton Ebert zunächst eher eine Sackgasse, denn auch hier gibt es mehr Arbeitslosigkeit als Arbeit. Zumindest keine Stelle für einen gelernten Kaufmann, der seine Ausbildung in einem der renommiertesten Großbetriebe des Ruhrgebietes mit Bestnote abgeschlossen hat. Soviel er sich auch bemüht, eine Anstellung, die seiner Qualifikation entspricht, ist im weiten Umkreis nicht zu finden.

Aber 1933, mit der Machtergreifung der Nazis, verändert sich nicht nur die politische, sondern auch die wirtschaftliche Lage schlagartig. Überall entstehen neue Organisationen und Bewegungen und damit auch neue Arbeitsplätze. Ganz Deutschland wird in seiner Verwaltungsstruktur nach dem Führerprinzip ausgerichtet – und wer eine solche Organisation führt, bestimmt die Partei. So wird auch die Verwaltung des Landkreises Ahrweiler, in dem Karl-Anton Ebert jetzt wohnt, neu strukturiert. Dazu gehört auch die Kurverwaltung in Bad Neuenahr, die ein Teil der nationalsozialistischen Organisation »Kraft durch Freude« (KdF) wird. Es ist wie ein Licht am Ende des Tunnels, als diese Kurverwaltung zu Beginn des Jahres 1934 einen Buchhalter sucht, der den Aufgaben einer schnell aufstrebenden Organisation gewachsen sein soll. Mit seiner Qualifikation und dem passenden Parteibuch steht seiner Einstellung nichts im Wege. Nach siebenjähriger Arbeitslosigkeit erhält Karl-Anton Ebert die Chance für einen neuen Berufsstart in eine bessere Zukunft. Außerdem, so argumentiert er bei seinen Schwiegereltern, ist diese Organisation »Kraft durch Freude« eine unpolitische und friedliche Einrichtung, etwas Ähnliches wie ein Reisebüro, und hat nichts mit Säbelrasseln oder Kriegstreiberei zu tun. Er kann an seiner neuen Arbeitsstelle nichts Falsches erkennen.

Es folgen vier glückliche Jahre – und anschließend doppelt so viele Jahre, in denen er den eingeschlagenen Weg bereut. Im März 1935 heiratet Karl-Anton Ebert seine Henriette und zieht mit ihr nach Bad Neuenahr. Bei der Hochzeitsfeier zeigt die Familie der Braut erneut Charakter: Als eine Abordnung der NSDAP im Saal erscheint, um zu gratulieren, stehen sämtliche Brüder der Braut auf und verlassen demonstrativ den Saal.

Zusammen mit seinem neuen Kollegen und baldigen Freund Josef Feldberg, nur Jupp genannt, genießt er die neue Arbeit. Unter anderem gilt es Theaterauftritte, Feste und Ausflüge zu organisieren. Die bekanntesten Stars aus Film und Theater dieser Zeit geben sich in Bad Neuenahr die Klinke in die Hand, treten im dortigen Kurtheater auf oder haben zumindest einen Gastauftritt. Der Kurpark wird neu gestaltet, und auch das Stadtbild verändert sich stark. Es tut sich etwas in Bad Neuenahr.

Was sich allerdings auch verändert, ist die Haltung zur jüdischen Bevölkerung. »Kauft nicht bei Juden!«, heißt die Parole der Nazis. Karl-Anton Ebert hat mit dieser Vorgabe zunächst weniger Probleme als seine junge Frau. Zum Bekannten- und Freundeskreis von deren rheinisch-katholischer Familie haben schon immer auch Juden gehört. Die – nicht-jüdische – Ehefrau eines jüdischen Kaufhausbesitzers gehört zu ihrem engsten Freundeskreis. Der Aufforderung »Kauft nicht bei Juden!« folgt sie nicht.

Am 9. November 1938 brennen auch im Rheinland die Synagogen. Allerdings muss die Partei für die Inszenierung des angeblichen Bad Neuenahrer Volkszorns auf die Juden zuverlässige Parteigenossen aus größeren Städten herankarren. Die Mehrheit der einheimischen Bevölkerung war laut meinem Vater nicht zur Teilnahme am Pogrom zu bewegen. Karl-Anton Ebert und sein Freund Jupp, beide NSDAP-Mitglieder, aber auch katholisch, beginnen sich innerlich von der nationalsozialistischen Idee zu verabschieden – zumal bereits absehbar ist, dass die Nazis Deutschland auf den nächsten Krieg zusteuern. Ein Austritt aus der Partei kommt aber nicht in Frage. Das käme in ihrer Wahrnehmung einem Selbstmord gleich – und beide Freunde haben Familie mit Kindern. Der typisch rheinische Kompromiss lautet: Man bleibt in der Partei – und zeigt zugleich, wie katholisch man ist. Man geht wieder regelmäßig zur Kirche, nimmt an den im Rheinland immer größer werdenden, eine Distanz zum Nationalsozialismus ausdrückenden Fronleichnamsprozessionen und sonstigen kirchlichen Veranstaltungen teil und »schwänzt« die Parteiveranstaltungen der NSDAP. Den mehrfachen Aufforderungen der Partei, aus der Kirche auszutreten, folgt man nicht. Folglich dauert es nicht lange, bis die beiden Freunde zitiert und aufgefordert werden, sich der nationalsozialistischen Idee wieder mit vollem Einsatz zur Verfügung zu stellen. Das ist ein Befehl. Jetzt wissen die beiden Freunde: Sie stehen unter Beobachtung. Und dafür, die Hinwendung zur zunehmend als falsch erkannten NS-Ideologie rückgängig zu machen, ist es zu spät. »Danach hatte ich in meinem Leben noch genügend Zeit zu bereuen. Zu bereuen, mich einer Partei angeschlossen zu haben, die von Menschen geführt wurde, denen ein Menschenleben nichts wert war«, sollte mein Vater mir später erzählen.

Auf den Punkt brachte es mein späterer Freund Hans Breuer aus Köln, der 1929 geboren wurde. Er war bei der Hitlerjugend und Schüler einer NAPOLA-Schule, also einer NS-Eliteschule, in Köln. Dort wurde er während der Bombenangriffe als Helfer bei der städtischen Feuerwehr eingesetzt. Nach einem Fliegerangriff der Alliierten legten die Feuerwehrleute den Kellereingang eines Hauses frei, das einen Volltreffer erhalten hatte. Der freigelegte Durchgang war jedoch so schmal, dass man nur den Schmächtigsten der Helfer an einem Seil in den Keller hinablassen konnte. Dieser schmächtige Junge von der Hitlerjugend war mein späterer Freund Hans. Er erzählt: »Unten im Keller sitzen auf Bänken Dutzende Personen. Sie sitzen dort regungslos und scheinen darauf zu warten, dass man sie endlich aus ihrer misslichen Lage befreit.« Bei seinen vielfachen Einsätzen hat er diese Situation schon mehrfach erlebt. Deshalb geht er unbefangen zu der Bank, die ihm am nächsten ist, und stupst den Ersten der dort Sitzenden am Arm. »He, es ist vorbei, ihr könnt rauskommen.« Statt zu antworten, fallen alle Personen wie in Zeitlupe von der Bank. Erst jetzt wird ihm klar: In dem Keller gibt es nur Tote. Durch den Druck der Explosionen sind ihnen die Lungen geplatzt. Er gerät derart in Panik, dass seine Feuerwehrkameraden mehrere Minuten – für ihn eine gefühlte Ewigkeit – brauchen, bis sie ihn durch den engen Schacht wieder ins Freie ziehen können. Für die nächsten Monate ist er ein zitterndes, traumatisiertes Bündel

Mensch. Bald danach überschreiten die Alliierten den Rhein, und der Krieg ist für die Stadt Köln zu Ende.

»Die Nazis haben mir meine Kindheit und meine Jugend gestohlen« – das und nur das hatte er später über diese Zeit zu sagen.

Der Zweite Weltkrieg

Als der Zweite Weltkrieg 1939 mit dem Überfall auf Polen beginnt, ist Karl-Anton Ebert 35 Jahre alt. Er ist verheiratet, hat zwei Kinder und ist zu seinem Erstaunen dennoch einer der ersten Mitarbeiter der Kurverwaltung, der zur Musterung befohlen wird. Es folgt eine Schnellausbildung in einer Kampfeinheit der deutschen Wehrmacht. Sein Ausbilder auf dem Schießplatz ist verzweifelt, weil sein Rekrut bei den Schießübungen nichts trifft – oder nicht treffen will? Er kann es nicht so richtig einschätzen. »Ebert, aus Ihnen wird nie ein guter Soldat!«, brüllt er ihn an. »In dieser Absicht bin ich auch nicht hierhergekommen, Herr Unteroffizier« – das ist es, was Karl-Anton Ebert denkt, aber nicht sagen darf. Deswegen nimmt er soldatische Haltung an und brüllt zurück: »Jawohl, Herr Unteroffizier!« Er kann abtreten.

Am 10. Mai 1940 beginnt der Frankreichfeldzug, und mein Vater gehört zu den Soldaten, die in Paris einmarschieren. Da dieser Feldzug nur wenige Wochen dauert und als Blitzkrieg in die Geschichte eingeht, der vom schnellen Vorrücken der deutschen Panzerverbände dominiert wird, bleibt seine Einheit von jeglichen Kampfhandlungen verschont. Keiner der Kameraden seiner Kampfeinheit hat auch nur einen Schuss abgeben müssen. Später wird er mir einmal sagen: »Ich hatte das Gefühl, der liebe Gott hat während des gesamten Krieges immer seine Hand über mich gehalten.«

Nach dem Frankreichfeldzug folgt ein Heimaturlaub von drei Wochen, und auch das Weihnachtsfest des Jahres 1940 verbringt er noch einmal bei seiner Familie. Hier erreicht ihn ein neuer Gestellungsbefehl, diesmal nach Frankfurt am Main. Seine Einheit soll neu aufgestellt werden. Als er in der dortigen Kaserne eintrifft, geht es in einem der Rekrutierungszimmer recht laut zu. Er hört jemanden mit lauter und energischer Stimme sagen. »Da, wo meine Abteilung hingeht, ist die Front.« Es ist die Stimme von Oberst Dalmeyer, der für die nächsten fünf Jahre sein direkter Vorgesetzter sein wird. Dalmeyer ist im Zivilberuf Vermessungsingenieur und befehligt jetzt eine Einheit von rund zwei Dutzend Soldaten, die militärische Vermessungsarbeiten im soeben besetzten Norwegen durchführen soll. Jetzt kämpft er erst einmal händeringend und mit lauter Stimme um die Zuweisung von Leuten, die ihm für diese Aufgabe geeignet erscheinen und mit denen er seinen Auftrag ausführen kann. Was nützten die präzisesten Messungen, wenn die hierzu notwendigen, teils handschriftlichen, teils mit Schreibmaschine zu erstellenden Listen und Unterlagen von Dilettanten geführt werden? Seine Wahl fällt deshalb auf den Gefreiten Karl-Anton Ebert, der im Zivilberuf einmal Buchhalter war, eine gestochen scharfe Handschrift hat und auch mit der Schreibmaschine umgehen kann.

Später, als man sich menschlich nähergekommen ist, wird er Karl-Anton Ebert verraten: »Das ging damals um dich. Du hattest einen Vermerk der NSDAP in deiner Akte, der besagte: ›... ist politisch unzuverlässig. Es wird Versetzung an die Front empfohlen.‹« Oberst Dalmeyer verstand es, seinen Willen durchzusetzen. Für Karl-Anton Ebert bedeutet dies einerseits den sofortigen Abmarsch nach Norwegen und eine lange Trennung von seiner Familie, andererseits die Verschonung vom lebensgefährlichen Einsatz direkt an der Front.

Obwohl Norwegen neutral ist, haben deutsche Truppen das Land unter dem Decknamen »Weserübung« am 9. Mai 1940 überfallen und besetzt. Jetzt sollen die strategisch wichtigsten Küstenabschnitte militärisch befestigt werden – wofür man sie vermessen muss. Der Vermessungstrupp des Oberst Dalmeyer wird in der Region um Narvik stationiert, wo noch immer Partisanenangriffe an der Tagesordnung sind. Die Einheit führt ein Eigenleben mit mehr Freiheiten als die übrigen Truppenteile, solange man nur seinen Dienst tut und hinsichtlich seiner politischen Meinung nicht auffällig wird. Das heißt in der ersten Phase des Kennenlernens, keine politische Meinung zu haben, wenn es denn nicht die nationalsozialistische ist. In dieser Anfangsphase misstraut jeder jedem.

Während eines Heimaturlaubs 1942 sieht Karl-Anton Ebert zum ersten Mal seine jüngste Tochter, die bereits laufen und sprechen kann. Er hatte nur aus Briefen erfahren, dass seine Frau schwanger war. Außerdem erlebt er die fast täglichen Fliegeralarme entlang des Rheins. »Bei diesem Heimaturlaub hatte ich mehr Angst als in meiner gesamten Soldatenzeit in den Frontgebieten«, wird er mir später erzählen.

Als er wieder zurück nach Norwegen kommt, herrscht bei seiner Einheit Aufbruchsstimmung. Große Verbände des Armeeoberkommandos Norwegen sollen nach Finnland verlegt werden. Mit insgesamt 68 000 Soldaten, bestehend aus vier Divisionen – der 169. Infanteriedivision, der 2. und 3. Jägerdivision, zwei Panzerabteilungen der 6. SS Gebirgsdivision Nord und 190 Flugzeugen – rollen diese Truppenteile in verplombten Zügen durch das neutrale Schweden direkt an die finnisch-russische Grenze, um sich dort mit Teilen der finnischen Armee zu vereinigen. Sie sollen die Rote Armee, die bereits große Teile Finnlands eingenommen hat, nicht nur zurückschlagen, sondern deren Linien durchbrechen und den russischen Nachschubhafen Murmansk einnehmen. So soll die Versorgung der Roten Armee empfindlich getroffen werden. Was auch hier wieder als Blitzkrieg gedacht war, wird sehr bald zum Stellungskrieg. Schuld sind das unbekannte arktische Terrain, bestehend aus den dichten Wäldern und den riesigen Sumpfgebieten Nordfinnlands, sowie das nur sehr ungenaue Kartenmaterial der Finnen. Die Vermessungseinheit um Oberst Dalmeyer unterstützt die deutschen Angriffe mit ihren strategischen Geländeerkundungen, aber diese Offensiven sind ineffektiv und verlustreich. Das erste Etappenziel lautet, die von der Sowjetarmee bereits 1940 besetzte Stadt Salla zurückzuerobern. Aber alle von den deutschen Truppen gestarteten Angriffe scheitern am erbitterten Widerstand der Rotarmisten. Ein Angriff der SS-Panzerdivision in einer heißen und trockenen Sommerphase 1943 endet im völligen Desaster. Zuerst schießt die russische Artillerie den Wald und das trockene Moor hinter der Panzerkette in Brand, sodass der Rückzug abgeschnitten ist, und nimmt dann das Gelände vor den Panzern unter Feuer, um den weiteren Vormarsch zu stoppen. Das für das Gelände viel zu schwere Kriegsgerät kann jetzt weder vor noch zurück und ist dem Beschuss der Roten Armee hilflos ausgeliefert. Fast alle Panzer gehen in Flammen auf. Karl-Anton Ebert hat noch gesehen, wie sie in ihre Panzer eingestiegen sind: junge Männer, stolz darauf, einer Eliteeinheit anzugehören, und bereit, ihr Bestes zu geben. Nun verbrennen sie in den manövrierunfähigen Panzern.

Nach diesem erneuten Fehlschlag hat die deutsche Heeresführung sich bereits damit abgefunden, dass die Rückeroberung von Salla endgültig gescheitert ist. Als letzte Hoffnung wird eilig eine eher schlecht als recht ausgerüstete finnische Jägerdivision herangeführt. In den Augen der deutschen Soldaten, die den Aufmarsch der Finnen beobachten, kann es sich nur um ein Selbstmordkommando handeln, denn die Finnen sind nicht nur schlecht bewaffnet, sondern machen auch einen eher undisziplinierten Eindruck. »Die sind doch nur weiteres Kanonenfutter«, ist man sich einig. Der Angriff der finnischen Soldaten beginnt im Schutz der Dunkelheit und dauert die ganze Nacht. Es sind nicht viele Schüsse oder gar Gewehrsalven zu hören. Nicht vergleichbar mit dem sonst üblichen Geschützlärm bei den deutschen Angriffen. Aber bei Anbruch des nächsten Morgens sind die russischen Stellungen eingenommen und können besichtigt werden. Die finnischen Soldaten haben bei ihrem nächtlichen Angriff fast lautlos, überwiegend mit Bajonetten und Messern gearbeitet. Der Anblick und der Geruch der vielen Toten auf dem Schlachtfeld und der Verwundeten bewirken, dass auch die härtestgesottenen Männer anfangen, über den Sinn des Lebens und dieses Krieges nachzudenken und darüber zu reden. Die Art, in der die finnische Jägerdivision den Angriff ausgeführt und zu einem nicht erwarteten erfolgreichen Abschluss gebracht hat, bringt ihnen bei den deutschen Soldaten höchste Anerkennung und einen noch höheren Respekt ein. Einen Respekt, der sich später als fatal erweisen soll.

Am Tag nach der Rückeroberung von Salla wird Karl-Anton Ebert mit mehreren anderen Kameraden abkommandiert, bei der Bergung der Toten zu helfen. Hierzu gehört es auch, die toten SS-Soldaten aus ihren ausgebrannten Panzern herauszuholen. Als sie den ersten Panzer öffnen, sehen sie entsetzt, dass die Körper der Besatzung durch die Hitze bis auf die Größe von Kleinkindern zusammengeschmort sind. »Haben die armen Kerle noch mitbekommen, dass sie in der Falle saßen? Was haben sie gefühlt? Was waren ihre letzten Gedanken? Sie waren noch so jung.« So fragen sich die erschütterten Männer. Der Anblick der verkohlten Soldaten in ihren ausgebrannten Panzern ist so schrecklich, dass diese Momentaufnahme meinen Vater noch viele Jahre nach dem Krieg verfolgen wird. Um dieses schreckliche Ereignis zu verarbeiten, gibt es für die Männer nur ein Ventil: Man muss über das Erlebte offen reden, am besten trinken und reden, und reden und trinken – und das tun sie auch.

Offene Gespräche mit Kameraden zu führen hatte in den Anfängen des Krieges, wie erwähnt, niemand gewagt. Zwei, für die solche Gespräche ab jetzt zum Ventil werden, wenn sie in ihrem Büro allein sind, sind der Hauptgefreite Karl-Anton Ebert und sein Chef, Oberst Dalmeyer. Auch das Verhältnis und der Gedankenaustausch mit den übrigen Kameraden der Vermessungseinheit sind offener und ehrlicher geworden. Nach dem jahrelangen Zusammenleben und den zum Teil traumatisierenden Erlebnissen herrscht unter den Soldaten zwar immer noch ein rauer, jetzt aber offenerer Umgangston. Nur beim Erscheinen von Oberfeldwebel Walter Krupski verstummen die Gespräche der Soldaten schlagartig, oder man wechselt blitzschnell das Thema. Krupski spricht Deutsch mit einem starken polnischen Akzent und ist ein glühender Hitler-Verehrer. Auch in dieser Phase des Krieges lässt er keinen Zweifel an seiner »deutschen Gesinnung« und seinem Glauben an den deutschen Endsieg. Er ist und bleibt nach außen hin immer ein überzeugter Nationalsozialist. Bereits in Norwegen hatte er einige Kameraden des Messzuges wegen »wehrkraftzersetzender Äußerungen« an seinen Vorgesetzten Oberst Dalmeyer gemeldet. In anderen Einheiten wären einige dieser verbalen Unvorsichtigkeiten vor einem Militärgericht gelandet. Aber der Oberst schafft es, alle von Krupski gemeldeten Fälle auf seine eigene Art zu regeln und den Deckel draufzuhalten, wie er es nennt. Irgendwann hat auch der letzte Mann in der Einheit begriffen, wie gefährlich Krupskis Anwesenheit sein kann, wenn man sich in einem Gespräch, und sei es nur unter Kameraden, zu einer unbedachten Äußerung hinreißen lässt. Schon der geflüsterte Halbsatz »Vorsicht, Walter kommt!« reicht deshalb, um das Thema zu wechseln.

Der eigentliche Auftrag der Lapplandarmee, den Hafen Murmansk zu erobern und dadurch den Nachschub der Sowjetarmee zu unterbinden, scheitert in erster Linie am fehlenden Nachschub aus Deutschland. Alles war auf einen »Blitzkrieg« ausgerichtet, und dieser hat sich jetzt festgefahren. Die Lapplandarmee beginnt sich in den finnischen Wäldern, nahe der russischen Grenze einzugraben. So auch der Vermessungstrupp. Wachdienst sowie Erkundungs- und Vermessungsfahrten bestimmen den tristen Alltag der Soldaten – und der allabendliche russische Aufklärungsflieger, der pünktlich vor Eintritt der Dämmerung schon von Weitem zu hören ist. Irgendwo im Niemandsland wirft er allabendlich seine Bomben ab, dreht noch einige Runden über dem unendlichen Waldgebiet Nordfinnlands und verschwindet wieder am Abendhimmel in Richtung Osten. Es ist schon mehrfach vorgekommen, dass er sogar die Stellung der Vermessungseinheit direkt überfliegt, aber die Tarnung ist perfekt. Der abendliche Bombenabwurf des Aufklärers findet immer in sicherer Entfernung zum Camp statt.

Die Bewaffnung der Vermessungseinheit ist schwach. Jeder Soldat hat einen Karabiner, und auf einer Drehlafette unter einem Tarnnetz in einer Gruppe von Birkenbäumen versteckt steht die stärkste Waffe des Vermessungstrupps, ein Maschinengewehr. Diese MG-Stellung ist ständig mit einem Mann besetzt und immer in Bereitschaft. Zum Einsatz gekommen ist das MG aber noch nie. Bis zu jenem Abend, als Oberfeldwebel Krupski zur Bereitschaft am MG eingeteilt ist und der allabendliche russische Aufklärungsflieger die eingegrabene Stellung des Vermessungstrupps in nur geringer Höhe überfliegt. Plötzlich ist das Rattern des Maschinengewehrs zu hören. Krupski hat das sowjetische Flugzeug mit seinem MG unter Beschuss genommen, und er ist sich sicher, er hat es auch getroffen.

Aber als die Einheit am frühen Morgen des nächsten Tages

gerade zum Morgenappell angetreten ist, hört man plötzlich das Brummen von Flugzeugmotoren. Es sind diesmal drei russische Jagdflugzeuge, die das Camp im Tiefflug und gezielt angreifen und bombardieren. Der Angriff dauert zwar nur wenige Minuten, doch für Karl-Anton Ebert sind es die längsten Minuten seines Lebens. Bis zu den Unterständen zu rennen, hat er nicht geschafft. Er liegt flach ausgestreckt in einer Bodenmulde und betet, dass der Angriff bald zu Ende sein möge. Die drei Flugzeuge kreisen unentwegt über dem Camp und werfen ihre Bomben ab. Sie schießen mit allem, was die Rohre ihrer Bordkanonen hergeben. Eine Bombe explodiert nicht weit von der Stelle, an der Karl-Anton Ebert Deckung gefunden hat, und er verspürt plötzlich einen heftigen Schlag am rechten Fuß. Erst als die Flugzeuge wieder nach Osten abdrehen und der Motorenlärm leiser wird, wagt er es, sich zu bewegen und nach dem Fuß zu tasten. An seinem rechten Stiefel fehlt der komplette Absatz. Eine Verletzung hat er nicht. Andere Kameraden hatten weniger Glück. Einer ist tot und zwei sind schwer verletzt. Die Stellung ist fast vollständig zerstört und muss aufgegeben werden. In der darauffolgenden Nacht bekommt Oberfeldwebel Walter Krupski Besuch vom »Heiligen Geist« – so nennt man unter den Soldaten eine handfeste Abreibung.

Ein paar Kilometer von der alten Stellung entfernt wird eine neue ausgehoben. Der eintönige Alltag wird wieder aufgenommen. Oberfeldwebel Krupski zeigt jetzt zwar Annäherungsbereitschaft an die übrige Mannschaft, aber alle bleiben auf Distanz. Wie groß der Abstand zur Ideologie des Nationalsozialismus bei den Männern geworden ist, zeigt sich erstmals offen am 20. April 1944, Adolf Hitlers Geburtstag. Bereits beim Morgenappell macht Krupski auf die Besonderheit dieses Tages aufmerksam. An diesem besonderen Tag werde von jedem Soldaten erwartet, dass er sein Bestes für Führer, Volk und Vaterland gebe. »Heute Abend wird der

Geburtstag unseres Führers mit Freibier für alle gefeiert.«
Den Morgenappell beendet Krupski mit erhobener Stimme
und den Worten:

»Auf unseren Führer Adolf Hitler ein Dreifaches …«

und ein Chor von zwanzig Männern antwortet:

»… drei Liter! Drei Liter! Drei Liter!«

Als Karl-Anton Ebert wenig später wieder allein mit seinem
Chef im Büro sitzt, kommentiert dieser den Vorfall nur mit
dem Satz:

*»Irgendwann sitzen wir alle vor einem Kriegsgericht, ihr
Arschlöcher.«*

Kein Friede in Sicht

Nach der Niederlage der deutschen Truppen in Stalingrad
und der Sprengung des Belagerungsrings um Leningrad,
dem heutigen St. Petersburg, durch die sowjetische Armee
geht die finnische Regierung zunehmend auf Distanz zu ihren bisherigen deutschen »Waffenbrüdern«. Zwar wehren
noch im Sommer 1944 finnische und deutsche Einheiten gemeinsam eine sowjetische Offensive ab, aber nach einem se-
parat geschlossenen Waffenstillstand zwischen Finnland
und der Sowjetunion im September desselben Jahres wen-
det sich die finnische Armee auf starken Druck Stalins gegen
die deutsche Wehrmacht.

Zum Auftakt dieses sogenannten »Lapplandkriegs« geschieht etwas, das man bis dahin nicht für möglich gehalten
hat: Die finnischen Soldaten, mit denen man gegen die Rote

Armee gekämpft hat, sind über Nacht aus den gemeinsamen Camps verschwunden. Es ist gespenstisch. Gerüchte machen die Runde; und bald ist klar: Die ehemaligen Verbündeten sind jetzt Kriegsgegner. Die deutschen Truppen mit mittlerweile über 200 000 Soldaten sitzen im Norden Finnlands in der Falle und werden von jetzt an von den finnischen Verbänden in Richtung norwegischer Grenze aus dem Land getrieben. Es beginnt eine der größten Rückzugsaktionen der deutschen Wehrmacht im Zweiten Weltkrieg. Die Einheit um Oberst Dalmeyer ist abkommandiert, zusammen mit einer Pioniereinheit als Nachhut den Rückzug der abrückenden deutschen Truppen zu decken – ein Himmelfahrtskommando, von dem sie nicht wissen, ob sie es überleben werden. Es ist eigens ein ganzer Eisenbahnzug mit Geschützen ausgestattet worden. Aber nicht die Geschütze sind das Wesentliche der Ausrüstung, sondern ein riesiges Arsenal an Sprengstoff – und ein ebenso großer Vorrat an französischem Cognac. Der Abzug aus Lappland beginnt zunächst ohne Kampfhandlungen. Doch je länger er dauert, desto öfter kommt es zu Gefechten mit finnischen Einheiten. Als sich der Zug der Nachhut mit seinen Geschützen und dem Sprengstoff endlich in Bewegung setzt, hat man nur ein Ziel: die Hafenstadt Kemi an der finnischen Küste und damit eine größtmögliche Distanz zu den finnischen Verfolgern. Hatte man die finnischen Soldaten seit der Schlacht von Salla zu respektieren gelernt, ist dieser Respekt vor ihrem gekonnten Umgang mit dem Messer jetzt in pure Angst umgeschlagen.

Es ist bereits Winter, und der Schnee liegt zu beiden Seiten der Schienen mehrere Meter hoch. Nur die Gleise sind schneefrei. Wegen der Luftangriffe durch die sowjetischen Flugzeuge steht der Zug tagsüber versteckt in einem der vielen Schneetunnel, die es auf der Strecke gibt. Sobald er sich bei Eintritt der Dunkelheit wieder in Bewegung setzt, wird

76

der Tunnel mit Zeitverzögerung auf seiner ganzen Länge gesprengt. Ebenso sprengt man alle Brücken und Häuser entlang der Strecke, wenn dadurch nur das schnelle Nachrücken der finnischen Armee verhindert werden kann. »Wir haben alles gesprengt, was den finnischen Soldaten hätte nutzen können, um uns nahe zu kommen. Auch Wohnhäuser haben wir nicht stehen lassen, denn die hätten unseren Verfolgern als warme Unterkunft dienen können. Ich habe in allen Kriegsjahren keinen einzigen Schuss auf einen Menschen abgeben müssen, dafür bin ich dem lieben Gott dankbar, aber bei der Zerstörung der Häuser auf diesem Rückzug habe ich mich schuldig gefühlt«, wird mein Vater Karl-Anton Ebert mir später einmal erzählen.

Als der Zug endlich die finnische Küste erreicht, sind sowohl der Sprengstoff als auch der Cognac aufgebraucht. Auf der 115 km langen Strecke zwischen den Städten Rovaniemi und Kemi in Nordfinnland habe man nur ein 100 Meter langes Stück gefunden, an dem die Gräben entlang der Bahn- und Straßentrassen *nicht* voll mit leeren Flaschen gewesen seien, berichten die finnischen Zeitungen später. Insgesamt vernichtete die abziehende deutsche Lapplandarmee in Nordfinnland fast 700 Brücken, 7000 Häuser, mehrere Fährschiffe und alle Schneetunnel und -zäune entlang der Eisenbahn und den Straßen in Richtung der nordfinnischen Hafenstadt Kemi. Den Schaden, der durch diese berüchtigte Politik der verbrannten Erde angerichtet wurde, wird man später auf 550 Millionen Mark schätzen.

Der deutsch-finnische Krieg dauerte nur wenige Wochen. Mit leichten Erfrierungen an Händen und Füßen, aber ansonsten unverletzt, erreicht auch Karl-Anton Ebert mit seinen Kameraden endlich die finnische Hafenstadt Kemi und wenig später auch den Hafen. Sie besteigen ein Schiff, das sie zurück nach Deutschland bringen soll. Alle haben die Hoffnung, dass dieser Krieg bald beendet sein wird. Doch die *Stavanger*, so soll das Schiff geheißen haben, das von der finnischen Küste ablegt, um die Männer endlich nach Hause zu bringen, wird von britischen Kriegsschiffen abgefangen und in einen dänischen Hafen umgeleitet. Dort werden sie von britischen Einheiten in Empfang genommen und entwaffnet. Noch auf dem Schiff trennt man die Mannschaften von den Offizieren und es wird jeder einzelne Soldat verhört. Auch Walter Krupski wird zum Verhör abgeführt. Als er zurückkommt, begleiten ihn zwei bewaffnete britische Soldaten. Er zieht seine Uniform aus, legt Zivilkleidung an und packt seine Habseligkeiten. Einer der Kameraden fragt: »Was ist los, Walter, was haben die mit dir vor?« Die Antwort von Stanis kommt ganz ruhig: »Ich darf nach Hause. Ich bin Pole und nix deutsch.«

Die Lektion, die mein Vater in diesem Moment lernt, lautet: Oft sind es die schlimmsten Fanatiker und Täter, die sich am schnellsten vom Acker machen, wenn der Wind dreht. Verantwortung für das eigene Handeln zu übernehmen ist eine eher seltene menschliche Eigenschaft.

Gefangenschaft und Nachkriegszeit

Karl-Anton Ebert ist nun Kriegsgefangener der britischen Armee, aber das soll nicht so bleiben. Alle Gefangenen müssen die *Stavanger* verlassen und steigen in offene Güterwaggons um. Die Männer stehen in den Waggons so eng, dass sie nur wenig Bewegungsfreiheit haben. Die Fahrt geht von Dänemark zunächst Richtung Deutschland, dann aber durch Holland und Belgien. Kurz vor der französischen Grenze übergeben die Briten den Zug an französische Soldaten. Nur träge schlängelt er sich danach durch die französische Landschaft, und die Fahrt wird für die eng zusammengepferchten Männer zur Qual. Der Gestank in den Waggons ist penetrant. Und der Zorn über das, was die Deutschen Frankreich und Europa in den vergangenen sechs Jahren angetan haben, bricht sich nun teilweise unkontrolliert Bahn. Von einigen Brücken aus werden die dicht gedrängt stehenden Männer in den Waggons mit schweren Steinen beworfen. Es gibt Verletzte und sogar Tote. Einige sterben durch die Steinwürfe und andere, weil sie von ihren Kameraden in Panik zu Tode gequetscht werden.

Karl-Anton Ebert bleibt unverletzt. Der scheinbar endlose Transport erreicht schließlich doch seinen Zielbahnhof Angoulême. Das dortige Lager und die Unterkünfte sind erbärmlich, die sanitären Einrichtungen schmutzig, die Verpflegung ist katastrophal. Die deutschen Soldaten erfahren nun am eigenen Leib, was es bedeutet, wenn die Menschenwürde mit Füßen getreten wird. Was aber bald offensichtlich wird: Die Verpflegung für die französischen Wachsoldaten, meist Algerier und Marokkaner, ist genauso schlecht wie die der Gefangenen. Die Franzosen haben selbst nicht genug zu essen. Weitere Gefangene sterben an Erschöpfung, Unterernährung oder Infektionskrankheiten.

Nach ein paar Tagen im Lager werden die noch arbeitsfähigen Männer aussortiert. Als jemand in gebrochenem Deutsch brüllt: »Welche Männer haben in der Landwirtschaft gearbeitet?«, geht auch die Hand von Karl-Anton Ebert blitzschnell nach oben. Einer der Aufseher zählt so viele Männer ab, wie für die Arbeit in der Landwirtschaft benötigt werden. Bevor sie sich aber in die Gruppe der Landarbeiter einreihen dürfen, schaut er sich die Hände jedes Einzelnen an. Wer keine »Arbeitshände« hat, wird wieder zurückgeschickt. Karl-Antons Hände zeigen noch deutliche Spuren der Erfrierungen, die er sich auf dem Rückzug aus Lappland zugezogen hat. Er wird sein Leben lang mit verkrüppelten Fingernägeln Probleme haben. Das aber kann der Franzose nicht wissen. Er gehört deshalb zu denen, die zum Arbeitseinsatz in die Landwirtschaft abrücken dürfen. Glück gehabt.

Jeden Morgen werden die »Auserwählten« mit LKWs aus dem Lager abgeholt und zur Arbeit auf den Bauernhöfen in der Umgebung gebracht. Die französischen Bauern sind freundlich und tun das, was die Männer sich von der Arbeit in der Landwirtschaft erhofft hatten: Sie stecken den Gefangenen zusätzliche Verpflegung zu. Damit geht es ihnen besser als den übrigen Gefangenen, die in der Industrie und anderen Arbeitsbereichen um Angoulême arbeiten müssen.

Als mein Vater im Frühsommer 1948 aus der französischen Kriegsgefangenschaft entlassen wird, ist er vierundvierzig Jahre alt, 1,76 m groß und wiegt nur noch 57 kg. Als er zu Hause ankommt, erkennt ihn seine Frau auf den ersten Blick nicht wieder. In der ersten Nacht zuhause ist er nicht fähig, in seinem eigenen Bett zu liegen. Er schläft, so ist er es seit drei Jahren gewohnt, auf dem Fußboden.

Nach dieser ersten Nacht im eigenen Heim nach vielen Jahren wird die Familie in den frühen Morgenstunden durch lautes Klopfen an der Wohnungstür unsanft aus dem Schlaf gerissen. Als seine Frau öffnet, stehen mehrere französische Militärpolizisten vor der Tür, die, ohne um Erlaubnis zu fragen, in die Wohnung eindringen. »Herr Ebert, ziehen Sie sich an und kommen Sie mit. Sie waren Mitglied der NSDAP. Sie sind verhaftet.«

In einem Fahrzeug der Militärpolizei geht es zur französischen Kommandantur in die Kreisstadt. Hier wird er den ganzen Tag über in Anwesenheit eines Dolmetschers von einem französischen Offizier verhört – und hier erfährt er auch, dass er aufgrund einer anonymen Anzeige aus dem kleinen Dorf am Rhein verhaftet ist. Viel später wird er erfahren, dass den Franzosen aus dem gesamten Kreisgebiet insgesamt 96 ehemalige NSDAP-Mitglieder gemeldet wurden – und allein ca. 60 dieser Anzeigen aus »seinem« kleinen Dorf am Rhein kamen. Nach einer längeren Vernehmungspause wird er am späten Nachmittag wieder in das Büro des vernehmenden Offiziers geführt. Auf dessen Schreibtisch liegt eine aufgeschlagene Akte. Der Dolmetscher ist nicht mehr dabei. Sein Gegenüber wirkt locker, ja fast freundlich, als er in einem fast passablen Deutsch sagt: »Sie können nach Hause gehen.« Und nach kurzem Zögern: »Sie sind so etwas wie ein Demokrat. Kommen Sie her, ich zeige es Ihnen.« Er deutet mit seinem Finger auf eine Passage in der aufgeschlagenen Akte. Als Karl-Anton Ebert an den Schreibtisch tritt, sieht er, dass es seine alte Personalakte aus der Kurverwaltung ist, die da auf dem Schreibtisch liegt. Er schaut auf die Stelle, auf die der Franzose mit dem Finger zeigt, und liest den Satz: »Politisch unzuverlässig, es wird die Versetzung an die Front empfohlen.«

Der Satz ist mit der Hand geschrieben – und Karl-Anton Ebert kennt diese Handschrift. Ein früherer Kollege aus der Kurverwaltung, der ein strammer Nazi gewesen war, wollte ihm damit schaden – und hat ihn jetzt unfreiwillig gerettet. Manchmal geht es eben doch gerecht zu im Leben.

Als ich diese Geschichte hörte, verstand ich, warum mein Vater so gerne die Weisheit zitierte, die ich zu Beginn dieses Kapitels wiedergegeben habe: »Fürchte den Stier von vorn, den Fuchs und die Schlange von hinten, und den Kollegen von allen Seiten.«

Nachkriegsjahre

Wie bereits erwähnt, litten die Deutschen am stärksten erst nach Kriegsende. Zuvor hatten sie ihren Lebensstandard auf Kosten der besetzten Länder einigermaßen halten und zumindest Hungersnöte vermeiden können. Nun schlug ein

Teil des Elends auf sie zurück, mit dem sie Europa und die Welt überzogen hatten. Aber auch dabei ging es nicht gerecht zu: Die Ostdeutschen litten weitaus mehr und länger als die Westdeutschen; die Stadtbewohner hatten durch die Bombardierungen alles verloren, während die Bauern sich an der Lebensmittelkrise bereichern konnten; und viele Täter aus der NS-Zeit waren schnell wieder obenauf und entgingen der gerechten Strafe.

Nicht nur die Eberts, sondern viele deutsche Familien haben alles verloren, was sie einmal besaßen. Mit seiner Frau und drei minderjährigen Kindern muss Karl-Anton ganz von vorne anfangen. Seine Frau war im letzten Kriegsjahr aus Furcht vor den alliierten Bombern mit ihren drei Kindern von Bad Neuenahr nach Thüringen geflüchtet. Doch auch dort wurde die militärische Lage bald immer bedrohlicher. Gerade noch rechtzeitig, einen Tag vor der Besetzung Thüringens durch die sowjetischen Truppen, flüchtete sie mit ihren Kindern erneut, diesmal in Richtung Westen – auf dem Dach eines mit Menschen überladenen Güterwaggons. Die Angst fuhr mit auf dem Zug der Fliehenden, der sich nur langsam in Richtung hessische Grenze bewegte. Zum einem fürchtete man die Angriffe russischer Jäger aus der Luft, zum anderen die vorrückenden Truppen der Roten Armee, die laut den herumschwirrenden Gerüchten unmittelbar hinter ihnen waren. Erst als man den Bahnhof Bebra erreichte und die ersten Soldaten der westlichen Alliierten sah, löste sich diese Angst.

Nach zweitägiger Bahnfahrt und nach mehrfachem Umsteigen, immer auf dem Dach irgendwelcher Güterwaggons, erreicht die Familie erschöpft und völlig am Ende ihrer Kräfte Bad Neuenahr. Aber als Henriette mit ihren drei Kindern endlich vor ihrer Wohnung ankommt, lässt man sie nicht ein. Die Wohnung wurde während ihrer Abwesenheit amtlich beschlagnahmt. Hier wohnen jetzt Menschen aus anderen Landesteilen, die durch die Bombardierungen ebenfalls ihr Zuhause und alles, was sie hatten, verloren haben und deshalb hierher aufs Land geflüchtet sind. Sie ist nicht allein betroffen. Auch andere Familien, die das Rheinland aus Angst vor den Bombardierungen verlassen hatten, bekommen keinen Zugang zu ihren früheren Wohnungen. Auch sämtliche Pensionen und Hotels der Kurstadt sind mit Flüchtlingen zwangsbelegt. Sosehr sie sich auch bemüht: In Bad Neuenahr ist keine Unterkunft, auch nicht für eine Nacht, zu finden. Ein LKW-Fahrer aus ihrem Heimatort, dem sie zufällig begegnet, nimmt sie mit zu ihren Eltern in das kleine Dorf am Rhein. Als sie dort ankommt und bei den Eltern anklopft, hat sie Glück: Sie kann sich mit ihren Kindern sofort bei ihren Eltern einquartieren; denn nur ein paar Stunden vor ihrem Eintreffen ist ihre ältere Schwester mit Ehemann und vier Kindern aus dem Haus der Eltern ausgezogen. Diese waren vor den alliierten Bombenangriffen aus dem Raum Köln hierher geflüchtet und sind jetzt, nachdem keine Luftangriffe mehr zu befürchten sind, wieder auf dem Heimweg in Richtung Köln. Die Fluchtbewegungen in ganz Deutschland gegen Ende des Zweiten Weltkrieges waren riesig und sollten noch über Jahre anhalten. Es gelingt Karl-Anton Eberts Frau zwar in kurzer Zeit, im Dorf der Eltern eine leere Wohnung zu mieten, doch es fehlt ihr jegliches Inventar. Alles, was sie besitzt, steht in der konfiszierten Wohnung in Bad Neuenahr. Erst als sie nach über zwei Wochen endlich mit amtlicher Genehmigung und Unterstützung ihr Eigentum dort herausholen darf, kann sie beginnen, sich einzurichten. Sie bekommt allerdings nur die blanken Möbel. Alles andere, was sie an Hausrat, Kleidern und sonstigem Besitz zurückgelassen hat, ist zum überwiegenden Teil verschwunden, oder die neuen Bewohner geben es nicht heraus.

In den ersten Jahren nach seiner Rückkehr aus der Gefangenschaft ist der Existenzaufbau des Karl-Anton Ebert eher ein Überlebenskampf als ein Leben in geordneten Bahnen. Dabei hat die Familie seiner Frau noch Glück: Die älteste Tochter, die Schwester seiner Frau, lebt in Amerika und arbeitet dort in einer karikativen Einrichtung, die von einer katholischen Klostergemeinschaft in Deutschland geführt wird. Sie ist selbst Nonne und organisiert die Versorgung des notleidenden Rheinlands mit Care-Paketen. Diese regelmäßige Versorgung aus Amerika lindert die größte Not der Familie.

Eine feste Anstellung in seinem erlernten Beruf zu bekommen, bleibt Karl-Anton lange verwehrt. So versuchte er sein berufliches Glück auf anderen Gebieten. Einer seiner ersten Versuche, wieder Fuß zu fassen, ist die Gründung eines eigenen Reisebüros zusammen mit seinem alten Freund Jupp. Mit ihrer gemeinsamen Erfahrung aus der KdF-Organisation hoffen sie eine solide Basis für dieses Geschäft zu haben. Aber es gibt so kurz nach Kriegsende einfach zu wenig zahlungskräftige Kunden, als dass man zwei Familien von den Erträgen ernähren könnte. Es knirscht gewaltig zwischen den beiden Freunden, als klar wird, dass einer von beiden wieder aussteigen muss – und der Verlierer ist Karl-Anton Ebert. Sein bester Freund wirft ihn einfach hinaus – denn ihm gehören die Geschäftsräume.

Mein Vater versucht sich danach als Vertreter für Schweizer Uhren, jobbt in einigen Druckereien und hilft mit seinen Buchhaltungskenntnissen in Kleinstunternehmen, bevorzugt bei Weinhändlern in der Umgebung seines Heimatortes. Ein leider nur saisonal einträglicher Nebenerwerb ist der Handel mit selbstgebrannten Spirituosen, die sein Schwiegervater in jedem Spätsommer und Herbst selbst herstellt. Natürlich ist alles schwarzgebrannt, aber wer fragt in diesen chaotischen Zeiten schon nach einer Genehmigung? Man darf sich nur nicht erwischen lassen. Der Schwiegervater versteht es, guten Schnaps aus allem zu brennen, was das Rheinland an Früchten in diesen Jahreszeiten zu bieten hat. Seine Spezialität ist jedoch der Pflaumenschnaps. Nach der Rückkehr des Karl-Anton Ebert aus der französischen Kriegsgefangenschaft wird die Schwarzbrennerei des Schwiegervaters zu einem wirklich erfolgreichen Geschäftsmodell ausgebaut – und das funktioniert so: Der selbstgebrannte Schnaps muss zuerst aus der französisch besetzten Zone (in der das kleine Rheindorf liegt) in die nahegelegene englische Zone geschmuggelt werden. Das größte Problem ist dabei der Bahnhof in Remagen, der zu jener Zeit wegen der strengen Grenzkontrollen durch Bahn- und Militärpolizei bei allen Reisenden und Schwarzhändlern als »Zitterbahnhof Remagen« bekannt und gefürchtet ist.

»Und wenn die mich mit meinen beiden Koffern und dem Rucksack mit all dem Schnaps erwischen, was dann?«, gibt Karl-Anton seinem Schwiegervater, einem kleinen, drahtigen, stets hellwachen Mann, zu bedenken. »Es gibt keinen preußischen Stiefel, der sich nicht schmieren lässt«, bekommt er zur Antwort. »Hab ich alles schon geregelt. Von den fünf Bahnpolizisten am Bahnhof Remagen wohnen drei hier im Dorf. Hat mich beim letzten Sonntagsfrühschoppen drei Schoppen Wein und ein Kaninchen gekostet. Die drei machen das.«

Aha, so funktioniert das also im Rheinland. Anders als die ostpreußischen Verwandten, die nach einer schlechten Erfahrung mit der Obrigkeit auf ewige Zeit zu dieser auf Distanz gegangen sind und sich das in Eichenholz geschnitzt über die Tür gehängt haben, geht der Rheinländer in die Offensive und macht das Beste draus. Für Karl-Anton Ebert ein Lehrstück aus dem Leben, das er sich einprägen wird.

Als er also am nächsten Morgen mit schwerem Gepäck auf dem Bahnhof in Remagen eintrifft, wird er von einer männlichen Person angesprochen, die hinter ihm her schlendert. »Du gehst jetzt ohne anzuhalten zum Bahnsteig zwei und platzierst dich ziemlich weit vorn. Wenn der Zug eingelaufen ist, steigst du in den vordersten Wagen ein und gehst so weit nach vorn, wie du kannst. Hast du mich verstanden?« Karl-Anton Ebert nickt nur und setzt seinen Weg fort, schwer bepackt, wie er ist. Umgedreht hat er sich nicht. Bahnsteig zwei ist vollgestopft mit Reisenden, die alle Richtung Norden, Richtung britische Zone und Köln wollen – und viele führen genauso viel Gepäck mit sich wie er selbst. Er versucht ungefähr abzuschätzen, wie lang der einlaufende Zug sein könnte, und platziert sich mit seinem Gepäck sehr weit vorne. Dort stehen deutlich weniger Wartende als in der Mitte. Als der Zug einfährt, hat er nur wenige Schritte bis zur Tür des ersten Waggons. Trotzdem schaffte er es mit seinem Gepäck nur bis etwa ins vordere Drittel des Wagens, denn die Plätze ganz vorne sind bereits belegt. Kaum sind alle Fahrgäste eingestiegen, steigen auch die Kontrolleure zu und die Gepäckkontrolle beginnt. Es vergehen unendlich lange Minuten des Wartens. Das »Filzen« der Reisenden durch die Bahnpolizisten, wie man es damals auch nannte, endet an diesem Morgen in der Mitte des ersten Wagens. Das größte Hindernis ist geschafft. Karl-Anton Ebert atmet auf.

Bereits Wochen zuvor hat er Briefkontakt zu seinem Bruder Hans in Gelsenkirchen aufgenommen und seinen Besuch mit der im Ruhrgebiet zu dieser Zeit heiß begehrten Ware angekündigt. Hans soll im Gegenzug im Rheinland begehrte Tauschobjekte beschaffen. Eines davon ist Stacheldraht, ein anderes sind die dazugehörenden Nägel. Beides gibt es im Ruhrgebiet billig und reichlich. Stacheldraht und Nägel benötigen die Bauern im Westerwald und in der Eifel, um damit ihre Viehweiden einzuzäunen. Dafür gibt es im Gegenzug alle begehrten Grundnahrungsmittel wie Kartoffeln, Weizen, Käse und Butter – und eben Schnaps. In den ersten Jahren nach dem Krieg ist der Tausch- oder auch Schwarzhandel das einzige Geschäftsmodell, das wirklich funktioniert. Das ändert sich – in den Westzonen – erst mit der Währungsreform im Juni 1948.

Ende 1954 sieht Karl-Anton Ebert zum ersten Mal nach dem Krieg und der Gefangenschaft seinen Vater wieder. (Seine Mutter war bereits kurz vor Kriegsende gestorben, ohne dass der Sohn sie noch einmal sehen konnte.) Der Vater hat nach der Währungsumstellung 1948 sein Anwesen in dem kleinen Rheindorf verkauft und ist nach Ostwestfalen gezogen. Also macht Karl-Anton sich per Bahn auf die Reise, um ihn zu besuchen. Als er seinem Vater gegenübertritt, begrüßt der ihn barsch mit den Worten: »Ihr habt den Krieg verloren!« Kein Wort der Freude darüber, dass er seinen Sohn lebend und unversehrt wiedersieht. Karl-Anton ist von seinen beiden jüngeren Brüdern auf diese Art der Begrüßung vorbereitet worden – auch sie hatte der Vater mit diesen Worten empfangen. Deshalb kommt seine respektlose, aber wohlüberlegte Antwort wie ein Faustschlag: »Und welchen Krieg habt ihr gewonnen? Dieser Wahnsinn muss doch irgendwann einmal aufhören!« Aber er erkennt schnell: Vor ihm sitzt ein verbitterter alter Mann. Sein Vater hat in den Tagen seines Besuchs nur ein Thema, und das ist sein Bruder Johann auf dem väterlichen Hof in Ostpreußen, von dem jedes Lebenszeichen fehlt. Bereits gegen Ende des Krieges ist jeder Kontakt zu ihm abgebrochen, und er ist seitdem verschollen. Alle Nachforschungen über den Verbleib des Bruders waren ergebnislos. »Ich fürchte, er ist tot.«

War sein Vater nach dem Ersten Weltkrieg nur vorübergehend ein gebrochener Mann gewesen, so hat er sich jetzt gänzlich aufgegeben. Übermäßiger Zigaretten- und Kaffeekonsum bestimmen seinen Tagesablauf. »Du wirst dich damit umbringen«, sind Antons mahnende Worte, als er ihn nach ein paar Tagen wieder verlässt. Am 23.05.1955 verstirbt sein Vater. Er hat den Verlust seines älteren Bruders, mit dem er sich immer eng verbunden fühlte, und den Verlust seiner ostpreußischen Heimat nicht verkraftet.

In der Zwischenzeit ist Karl-Anton Ebert zum vierten Mal Vater geworden: Meine Wenigkeit kam zur Welt. In Anspielung auf die Situation von 1919 könnte man sagen: ein Esser mehr. Die Sorge um die Ernährung der Familie wird jedenfalls nicht kleiner. Die Hoffnung auf eine feste Anstellung in seinem erlernten Beruf als Kaufmann hat er zwar nie aufgegeben, aber eine wirkliche Chance hat sich nie ergeben. Das ändert sich, als er im Sommer 1955 unerwartet Post von seinem ehemaligen Chef, Oberst Dalmeyer, bekommt. Seit der Gefangennahme in Dänemark hatte man sich aus den Augen verloren, und nur durch einen Zufall hat der Oberst die neue Anschrift seines ehemaligen Freundes und Kriegskameraden herausgefunden – und lädt ihn nun spontan zu sich nach Hause ein. Denn auch ihn hat es nach der Gefangenschaft ins Rheinland verschlagen. Er wohnt nur wenige Bahnstationen vom Wohnort des Karl-Anton Ebert entfernt.

»Da bist du ja, du Arschloch« sind seine Begrüßungsworte, als er an einem Sonntagmorgen die Tür seines Hauses öffnet und seinen ehemaligen Kriegskameraden begrüßt, der ihm in den vielen gemeinsamen Kriegsjahren in Norwegen und Finnland zum Freund geworden war. Beide haben sich viel zu erzählen; denn seit ihrer Gefangenschaft im Jahr 1945 sind zehn Jahre vergangen. Der Oberst war in einem britischen Lager in Schottland interniert. Und anders als die Franzosen haben die Engländer ihre Gefangenen recht früh wieder nach Hause geschickt. Inzwischen ist er altersbedingt in den Ruhestand versetzt worden. Da seine Rente aber zu gering ist, um wirklich davon leben zu können, arbeitet er nebenbei als Vermessungsingenieur für verschiedene Auftraggeber.

Als Karl-Anton Ebert auf seine erfolglose Arbeitssuche in seinem Beruf als Buchhalter zu sprechen kommt, sagt der Oberst: »Ich denke, ich habe da was für dich. Ich gebe dir mal eine Adresse. Eine Straßenbaufirma hier in der Nähe sucht jemanden wie dich. Wegen eines Sterbefalls ist die Stelle plötzlich vakant geworden. Der Chef ist ein netter Kerl, mit dem man menschlich gut auskommen kann. Ich habe für die Firma gerade neulich Vermessungsarbeiten durchgeführt. Da hat er mir vom plötzlichen Tod seines Buchhalters erzählt. Das könnte dein Glück sein. Du musst nur in einer Sache aufpassen: Der Chef heißt Paul Gierig, und der Familienname ist in dem Unternehmen Programm. Ich hab da auch schon meine Erfahrungen gemacht. Wenn es ums Geld geht, ist der unberechenbar.«

Straßenbau Paul Gierig

Karl-Anton Ebert hat tatsächlich Glück und ist zum ersten Mal seit Jahren wieder zufrieden. Mit seiner Bewerbung hat er bei dem Straßenbauunternehmen offene Türen eingerannt. Er kann sofort anfangen. Sein Anfangsgehalt ist zwar nicht das, was er sich erhofft hat, aber die Firma übernimmt zusätzlich die Kosten seiner Monatskarte für die tägliche Bahnfahrt zwischen Wohnung und Arbeitsplatz. Und sein neuer Chef ist tatsächlich ein sehr umgänglicher Mensch. Das Büro der Buchhaltung befindet sich im Parterre von dessen Wohnhaus, so dass es eine Art »Familienanschluss« gibt. Der morgendliche Arbeitsbeginn in der Firma ist wie ein Ritual, das sich tagtäglich wiederholt. Zuerst werden die Leute für die nötigen Außenarbeiten eingeteilt, anschließend bespricht der Chef das Notwendige in der Buchhaltung, um sich anschließend zum Frühstück ins Obergeschoss zu begeben.

Der Umgangston ist freundlich, und auch hier ist man katholisch. So katholisch, dass Paul Gierig gerne öffentlich zeigt, wie fromm er ist: durch regelmäßige Kirchgänge und durch engen Kontakt zum örtlichen Pfarrer, der ihn regelmäßig besucht und ihn um die eine oder andere Spende erleichtert. Was er dem Pfarrer gegenüber immer als »Spende von Herzen« beschreibt, wird anschließend in der Buchhaltung bei der Übergabe der Spendenquittung mit einem »Der kriegt nie genug« kommentiert.

Die ersten Wochen als Buchhalter in der Straßenbaufirma gestalten sich allerdings schwierig, denn wie Karl-Anton Ebert erst jetzt erfährt, ist sein Vorgänger nicht vor kurzem, sondern schon vor ein paar Monaten verstorben, und seitdem hat der Chef versucht, die Bücher selbst zu führen – und dabei ein Chaos angerichtet, das es nun aufzuräumen gilt. Die Aufgabe ist dann aber letztlich doch überschaubar, weil das Straßenbauunternehmen in der kleinen Stadt, in der es beheimatet ist, zwar ein ansehnliches Unternehmen, aber gemessen an Karl-Anton Eberts Erfahrungen und Kenntnissen doch nur ein Kleinbetrieb ist. Nach wenigen Wochen und einigen Überstunden ist das Chaos der Buchhaltung unter Kontrolle und ein geregelter Geschäftsablauf wieder möglich. Aber ein geregelter Geschäftsablauf ist das Eine – und eine bilanzfeste Buchhaltung das Andere. Bilanzfest ist eine Buchhaltung nur dann, wenn Einnahmen und Ausgaben eines Unternehmens im Einklang stehen. Spätestens bei der Bilanz zum Jahresende müssen Soll und Haben übereinstimmen. Schon nach kurzer Zeit ist Karl-Anton Ebert klar: Das Unternehmen berechnet den Auftraggebern weitaus mehr Material, als es einkauft. In der Anfangszeit begründet Paul Gierig dies mit erheblichen Lagerbeständen, die irgendwie nicht verbucht worden seien. Zu diesen Lagerbeständen muss auch eine erhebliche Anzahl an Teerfässern gehören. Solche Teerfässer werden von Paul Gierigs Firma im Auftrag und auf Rechnung der Gemeinden und der Straßenmeistereien auf Teilabschnitten der Land- und Kreisstraßen deponiert, damit die winterlichen Straßenschäden in Form von Rissen und sonstigen Beschädigungen im Frühjahr schnellstmöglich behoben werden können. Das unbekannte Lager des Paul Gierig muss allerdings riesig sein, denn er verkauft diese Teerfässer nicht nur an die umliegenden Straßenbauverwaltungen, sondern auch an eine Reihe anderer Kunden. Nur ein Zufall führt Karl-Anton Ebert zum Geheimnis des unendlichen Teerfasslagers. Als er eines Morgens das Firmengelände früher als sonst üblich erreicht, sieht er, wie der Firmen-LKW zum Lagerschuppen fährt und der Fahrer mit einem weiteren Arbeiter sofort damit beginnt, eine Reihe von Teerfässern abzuladen. Karl-Anton Ebert geht zu dem Fahrer und erkundigt sich, von welcher Firma die Fässer stammen und wann er den Lieferschein bekomme. Zu seiner Überraschung nimmt ihn der Fahrer vorsichtig beiseite und raunt ihm Folgendes zu: »Die Teerfässer werden nicht geliefert. Ich fahre schon seit Jahren regelmäßig die Landstraßen ab und sammle gemeinsam mit dem Chef die Fässer, die wir auf Bestellung selbst dort deponiert haben, wieder ein. Deshalb kann es darüber keine Lieferscheine und auch keine Rechnungen geben. Einmal sind wir fast erwischt worden. Da hat der Alte einfach behauptet, wir würden nur halbleere Fässer gegen volle austauschen, und schon war die Welt wieder in Ordnung. Lass dir sagen, unser Alter ist mit allen Wassern gewaschen. Das Beste ist, du hast hier gar nichts gesehen.«

Zum ersten Mal hat Karl-Anton Ebert das Gefühl, sich an seinem neuen Arbeitsplatz nicht mehr wohlzufühlen. Wo ist er da nur hineingeraten? Irgendwann würden die Machenschaften dieser Firma auffliegen und die Beteiligten vor Gericht landen – auch er. Und dann? Ist eine feste Anstellung das wert? Nur der Gedanke an seine Familie, die er zu versorgen hat, hindert ihn daran, sofort zu kündigen. Der Chef ist bereits von seinem Fahrer über das Gespräch mit Karl-Anton Ebert in Kenntnis gesetzt worden, als er an diesem Tag dessen Büro betritt. Ohne lange Umwege kommt er auf den Punkt. Letztlich bietet er seinem neuen Buchhalter eine geringe Gehaltserhöhung an. Im Gegenzug verlangte er eine kreativere Buchhaltung. Von dieser Zeit an leidet mein Vater zunehmend unter Schlafstörungen. Seine Buchhaltung macht er heimlich mit einem vierten Durchschlag, den er mit nach Hause nimmt. Dieses Geheimarchiv nennt er »meine Lebensversicherung«. Als sich wieder einmal ein zufriedener Pfarrer mit ein »Vergelt es Gott« und einer Spende in der Tasche verabschiedet, kommentiert mein Vater, als er den Spendenbetrag auf der Quittung sieht: »Dafür wird der liebe Gott aber nicht all die vielen Sünden vergeben, die wir in unseren Büchern stehen haben.«

Schon bald stellt sich heraus, dass die Teerfassgeschichte nur die Spitze des Eisberges ist. Paul Gierig hat ein noch viel einträglicheres Geschäftsmodell. Die Auftraggeber für seine Straßenbauprojekte sind naturgemäß fast ausschließlich öffentliche Körperschaften wie Land, Kreis oder Kommune. Und die zu bauende Trasse muss gemäß Ausschreibung ganz bestimmte Qualitätsanforderungen erfüllen. Alles ist vorgeschrieben: die Tiefe des Unterbaus, die Art und Stärke der Tragschicht und letztendlich die Deckschicht, bestehend aus Beton und Asphalt. Nach Fertigstellung wird die korrekte Ausführung der Straße von der Baubehörde an verschiedenen Teilabschnitten stichprobenartig geprüft. Erst wenn alle Kriterien erfüllt sind, wird sie freigegeben, und erst nach dieser Freigabe erhält das Unternehmen die vollständige Bezahlung.

Bei einem dieser öffentlichen Auftraggeber läuft nun regelmäßig folgendes Szenario ab: Sobald Gierig den Zuschlag für sein Angebot erhalten hat, vereinbart er ein Treffen mit dem Chef dieser Behörde. Und obwohl bei großen Teilen der von ihm gebauten Straße weder der Unterbau noch die Tragschicht noch die Deckschicht den Vorgaben der Ausschreibung entsprechen, ist die Freigabe durch den Behördenchef nie ein Problem. Kein Wunder: Man hat sich im Vorfeld darauf geeinigt, an welchen Abschnitten der neuen Trasse die Stichproben stattfinden – und wie von Zauberhand erfüllen die Straßen genau an diesen Stellen sämtliche Anforderungen. Zum Dank für diese wie geschmiert laufende Zusammenarbeit erhält der Behördenchef nach der Abnahme und dem Bezahlen der Rechnung jeweils zum Jahresende einen neuen Opel *Olympia* in gehobener Ausstattung.

Karl-Anton Ebert verweigert die eigenhändige Manipulation der Buchhaltung; denn auch die Anschaffungskosten für den Opel Olympia dürfen offiziell nicht in den Büchern der Firma erscheinen. Er markiert jedoch seinem Chef die Stellen in den Buchungsjournalen, an denen dieser durch Radieren und Ändern zum gewünschten Ergebnis kommen kann. Hier lernte mein Vater also das ungute Gefühl kennen, an kriminellen Machenschaften mitzuwirken. Zweieinhalb Jahr lang, bis 1957, laviert er sich durch, nimmt Schlafstörungen in Kauf und bereitet sich innerlich darauf vor, mit seinem Chef irgendwann in einen Prozess wegen Betrugs verstrickt zu sein; aber für diesen Fall hatte er ja die Viertdurchschriften seiner Buchhaltung angefertigt. So scheint es zu funktionieren, dieses neue Deutschland: Wenn man irgendwo anonyme Steuergelder abzweigen kann und es nicht tut, gilt man als dumm und naiv und zu anständig für diese Welt.

Und wer heute in der Eifel auf eine besonders holprige und schlechte Straße gerät, befindet sich möglicherweise immer noch in der Spur eines alten Opel *Olympia* …

Büro Bonner Berichte

Das »Büro Bonner Berichte« (BBB) war eine Unterabteilung des Bundesministeriums für gesamtdeutsche Fragen (später: Ministerium für innerdeutsche Beziehungen) in Bonn. In dieser Abteilung wurde 1957 eine Stelle in der Buchhaltung ausgeschrieben. Eine junge Dame aus seinem privaten Umfeld machte meinen Vater darauf aufmerksam, er bewarb sich und wurde prompt eingestellt. Das 1949, nach der endgültigen deutschen Teilung, gegründete Ministerium war in seinen Anfängen im Bereich verdeckter antikommunistischer Agitation tätig und wurde in Bonn gerne als »Broschürenministerium« verspottet, weil es durch die Herausgabe von Schriften, Plakaten und Flugblättern den Einheitswillen der deutschen Bevölkerung stärken und die Westdeutschen gegen kommunistische Infiltration immunisieren sollte. Obwohl Karl-Anton Ebert als Buchhalter nichts mit den politischen Aktivitäten dieses Ministeriums zu tun hatte, musste auch er sich in Bezug auf seine politische Überzeugung überprüfen lassen. Um seine politische Integrität zu untermauern und seine Loyalität deutlich zu machen, trat er auf Anraten seiner Unterstützerin vorsorglich der demokratischen Partei mit dem »C« vorne bei. Bundesminister für gesamtdeutsche Fragen war zu dieser Zeit Ernst Lemmer. Sein Nachfolger sollte übrigens später für kurze Zeit Rainer Barzel werden.

Hatte Karl-Anton Ebert beim Verlassen der Straßenbaufirma des schamlosen Paul Gierig noch tief durchgeatmet, so musste er bald feststellen, dass er vom Regen in die Traufe geraten war. Die Mitarbeiter dieser Behörde waren zu einem nicht geringen Teil »Ewiggestrige«, von denen er nach dem verlorenen Krieg gehofft hatte, er müsse ihnen nie wieder begegnen. Es waren im Übrigen die ostdeutschen Dialekte, die den Umgangston in diesem Bonner Ministerium (wie auch in anderen) dominierten. Das traf meinen Vater nicht ganz unvorbereitet, weil es in der rheinischen Bevölkerung ein offenes Geheimnis war. Büttenredner hatten diese Ostseilschaften bereits karnevalistisch auf den Punkt gebracht, indem sie das vermeintliche Standardbewerbungsschreiben eines aus dem Osten kommenden, vertriebenen Ministeriumsbewerbers zitierten:

> *»Ich komme aus dem Osten*
> *und suche einen Posten*
> *meine Papiere sind alle verbrannt,*
> *Und Adolf Hitler hab' ich nie gekannt.«*

Es war offensichtlich, dass in den Anfängen der jungen Demokratie der Bundesrepublik Deutschland eine braune Vergangenheit nicht negativ ins Gewicht fiel – vor allem, wenn man die erforderliche Qualifikation mitbrachte. Wer gebraucht wurde, aber als Ex-Nazi für den Aufbau eines demokratischen Staates eigentlich nicht tragbar war, wurde »entnazifiziert« und erhielt einen »Persilschein«. Saß man dann einmal fest im Sattel einer Führungsposition, war der Weg für die Bildung von Seilschaften frei.

Dies allein ist für Karl-Anton Ebert aber noch kein Grund, sich allzu sehr zu beunruhigen. Im Verlauf seines Lebens hat er gelernt, auch mit den unterschiedlichsten Charakteren und Konstellationen umzugehen. Allerdings macht sein direkter Vorgesetzter, ein Mann namens Machnik, der einen starken sächsischen Akzent pflegt, aus seiner persönlichen Abneigung gegen ihn kein Geheimnis. Und dafür gibt es auch einen Grund. Bereits am ersten Arbeitstag meines Vaters lässt er ihn wissen, dass er es lieber gesehen hätte, wenn man den Posten an seinen Vetter vergeben hätte, den er persönlich protegiert hatte. Leider hat sich die Personalleitung anders entschieden und ihn, Karl-Anton Ebert, bei der Besetzung dieser Stelle vorgezogen. »Sobald du hier den ersten Fehler machst, kannst du wieder nach Hause gehen. Dafür werde ich sorgen.« Außer Machnik sitzen noch zwei weitere Kollegen, ebenfalls Landsleute aus dem Osten, mit in ihrem Büro – und er ist offensichtlich der Fremdkörper in diesem eingeschworenen Team.

Gelassenheit will sich auch nach seiner Einarbeitungs- und dem Ende der Probezeit nicht einstellen. Immer muss er auf der Hut sein vor Machnik, der Gott sei Dank selbst wenig Qualifikation auf kaufmännischem Gebiet vorzuweisen hat, aber stets darauf zu lauern scheint, meinem Vater einen Fehler nachzuweisen. Einerseits muss er froh sein, wieder eine feste und sichere Anstellung gefunden zu haben, andererseits ist er innerlich bereit, sich noch einmal beruflich zu verändern – aber erst, wenn er etwas Passendes gefunden hat. Und die Gelegenheit, eine neue Stelle zu finden, kommt diesmal schneller, als er hoffen konnte.

In diesem Bundesministerium laufen viele unsichtbare Fäden des Bonner Politikbetriebs zusammen – und einer dieser Fäden ist der Versuch Konrad Adenauers, ergänzend zu den bereits bestehenden ARD-Sendern ein vom Bund kontrolliertes zweites Fernsehprogramm, die »Freies Fernsehen Gesellschaft« (FFG), zu etablieren (mehr hierzu im folgenden Kapitel). In seinem Ministerium erfährt Karl-Anton Ebert von diesem Vorhaben aus erster Hand.

Er fasst sich ein Herz und bewirbt sich. Was er nicht weiß: Einer seiner Mitbewerber ist erneut der Vetter seines Vorgesetzten. Machnik, dem es bisher noch immer nicht gelungen ist, ihm einen Fehler nachzuweisen, raunt ihm eines Tages unauffällig zu: »Glaub nur nicht, dass du den Posten beim FFG bekommst. Das werde ich zu verhindern wissen!«

Quälend lange Wochen sollen noch vergehen, bis über die Personalien beim Freien Fernsehen entschieden ist. In dieser Zeit des Wartens nähert man sich dem Ende des Jahres

1959, und Karl-Anton Ebert muss seine Abrechnung für das Ministerium abschließen. Seine Berechnungen hat er schon abgeschlossen – und er hat zwischen Soll und Haben einen Fehlbetrag von 15 Pfennig. Als Betrag sind 15 Pfennige eine Kleinigkeit, aber für einen Buchhalter ist jede noch so kleine Differenz eine Katastrophe. Mit dem vorläufigen und beunruhigenden Rechenergebnis begibt sich Karl-Anton Ebert an einem Samstagmittag ins Wochenende. Ihm fällt auf, dass Machnik ihn beim Verlassen des Ministeriums ungewohnt freundlich und aufgeräumt verabschiedet.

Mein Vater verbringt das Wochenende mit zwei schlaflosen Nächten. Er grübelt und sinniert und entwickelt schließlich einen Plan. Am Montagmorgen nimmt er einen Zug, der ihn früher als üblich an seinen Arbeitsplatz bringt. Als Erstes legt er sich alle Abrechnungen vom Freitag wieder auf den Tisch; dann macht er sich an der Kassette mit der Portokasse zu schaffen, die er anschließend wieder an ihren angestammten Platz stellt. Als Machnik und die beiden anderen Kollegen nacheinander eintreffen, sitzt Karl-Anton Ebert vertieft über seiner Abrechnung und tippt endlose Zahlenkolonnen in seine Rechenmaschine. So verbringt er fast den ganzen Vormittag, bis eine der Sekretärinnen aus den Vorzimmern des Ministeriums eintritt und nach Briefmarken aus der Portokasse verlangt. Dies ist ein Vorgang, der zum üblichen Tagesgeschäft der Buchhaltung gehört. Irgendein Vorzimmer braucht immer Briefmarken. Karl-Anton Ebert hat keine Eile, als er zum Schrank mit der Portokasse geht und diese herausholt. Er stellt die Kassette auf seinen Schreibtisch, öffnet sie und hebt als Erstes das obere Fach mit dem Kleingeld heraus und stellt es neben die Kassette. Aber als er nach der Rolle mit den Briefmarken greift, hat die sich derart verkantet, dass er sie nicht sofort aus der Kassette lösen kann. Er stülpt die Kassette um und schüttelt sie. Die Briefmarkenrolle fällt, wie erwartet, aus der Kassette –

und mit ihr, oh Wunder, eine Zehn- und eine Fünfpfennig-
münze. Machnik an seinem Schreibtisch bekommt einen roten Kopf und verlässt auffallend schnell das Büro. Karl-Anton
Eberts Abrechnung für das Jahr 1959 ist gerettet. Der Weg
nach Eschborn, zur Freies Fernsehen Gesellschaft, ist frei –
und auch er hat das Gefühl, wieder frei zu sein.

Das »Adenauer-Fernsehen«

Aus heutiger Sicht wirkt es geradezu paranoid: Konrad Adenauer hatte gerade den bis heute triumphalsten Sieg in der Geschichte freier deutscher Wahlen davongetragen. Mit 50,2 Prozent der Zweitstimmen hatten CDU und CSU alle anderen Parteien marginalisiert und die bis heute einzige absolute Mehrheit der Wählerstimmen bei einer bundesweiten Abstimmung errungen. (Die absolute Mehrheit der Mandate hielt die Union schon seit 1953.) Mehr als die Hälfte der Wählerinnen und Wähler war Konrad Adenauers Slogan »Keine Experimente« gefolgt. Die Tatsache, dass Teile der Medien Adenauers Politik – ihrer demokratischen Aufgabe entsprechend – kritisch begleiteten und der SPD Sympathie entgegenbrachten, war offensichtlich in keiner Weise ausschlaggebend gewesen für das Wahlergebnis. Oder sie wurde mehr als aufgewogen durch die überwiegend konservative, CDU-nahe Ausrichtung der meisten deutschen Zeitungen.

Aber Adenauer war geradezu besessen von der Überzeugung, dass insbesondere in den Redaktionen der öffentlich-rechtlichen Radio- und Fernsehsender permanent an seiner Diskreditierung und an seinem Sturz gearbeitet werde – wobei er gern auch »Moskau und Pankow«, also die Sowjetunion und die DDR, als heimliche Akteure im Hintergrund wähnte. Nach den Spuren von deren üblem Treiben ließ er seine Beobachter sogar in Sendungen wie »Was bin ich?« fahnden – einer an Harmlosigkeit nicht zu überbietenden

Berufsrate-Sendung. Man tritt Adenauer vermutlich nicht zu nahe, wenn man vermutet, dass er die Unterscheidung zwischen kritischem, freiem Journalismus einerseits und tendenziöser linker Meinungsmache andererseits als Spitzfindigkeit vom Tisch gewischt hätte. Ihn ärgerte, dass es Journalisten gab, die sein Wirken kritisch beobachteten. Differenzierter brauchte er es nicht. Und er fürchtete nach jedem Wahlsieg, beim nächsten Mal werde es wegen der »Linksintellektuellen« in den Medien ganz sicher schiefgehen. Zumal er die Bürger für strohdumm hielt, wie er in vertraulicher Runde gern zum Besten gab.

Zur Beurteilung von Adenauers Demokratieverständnis gehört aber ganz sicherlich auch, dass nicht nur er selbst, sondern auch der Großteil der deutschen Bevölkerung noch nicht sehr vertraut war mit demokratischem Denken. Der Gedanke, dass es zu einem Thema mehr als eine plausible und legitime Meinung geben kann und dass Statements der Opposition nicht automatisch staatsgefährdend sind, musste allgemein erst gelernt werden. In der Bundesrepublik musste eine »Demokratie ohne Demokraten« aufgebaut werden. Erschwert wurde dieser Aufbau noch dadurch, dass man sich mitten im Kalten Krieg befand und die Grenze zwischen den beiden verfeindeten Machtblöcken mitten durch Deutschland verlief. Insbesondere den USA war der Aufbau eines stabilen, starken, wehrhaften Staates in Westdeutschland mindestens genauso wichtig wie die Demokratie – und sie setzten dabei vielfach auf die alten Funktionsträger. Und so musste die junge Bundesrepublik sich zum liberalen Staate entwickeln, während alte Nazis an entscheidenden Stellen in Politik, Verwaltung, Justiz, Polizei, Militär, Universitäten etc. saßen und die Stalinisten in der DDR und der Sowjetunion ihr die Existenzberechtigung absprachen.

Und es muss auch gesagt werden, dass alle Parteien damals ganz selbstverständlich der Meinung waren, der Rundfunk sei ihre Beute und damit ein berechenbares Einflussinstrument. Unabhängiger Journalismus unter dem Dach einer öffentlich-rechtlichen Anstalt kam auch im Denken von SPD und FDP nicht vor.

Zurück zur absoluten Mehrheit 1957: Paradoxerweise schloss Adenauer aus ihr nicht, dass die Wirkung des »Rotfunks« doch eher begrenzt war, sondern er sah jetzt die Möglichkeit gekommen, in Konkurrenz zur ARD einen zentralen Fernsehsender zu installieren, der möglichst regierungsfreundlich berichten sollte. Das Zukunftsmedium Fernsehen sollte nicht den von Adenauer als oppositionell wahrgenommenen Öffentlich-Rechtlichen überlassen werden. Für ihn lag die Lösung im privatwirtschaftlichen Sektor. Zentral, regierungsfreundlich und werbefinanziert statt föderal, frei und öffentlich-rechtlich, also gebührenfinanziert – so sollte das »Adenauer-Fernsehen« sein, wie das Projekt in der Öffentlichkeit genannt wurde, nachdem die Pläne ans Licht gekommen waren. Das Grundgesetz von 1949 hielt in Artikel 5 lapidar fest: *»Die Pressefreiheit und die Freiheit der Berichterstattung durch Rundfunk und Film werden gewährleistet.«* Indem es außerdem die Kulturhoheit der Länder festschrieb, legte es nach dem Verständnis der allermeisten Zeitgenossen und Fachleute auch die (inhaltliche) Zuständigkeit für den Rundfunk in deren Hände und schloss bundeseinheitliche, zentrale Rundfunkveranstalter aus. Aber Adenauer und sein Kabinett pflegten hier eine sehr eigene Rechtsauffassung, wie weiter unten zu zeigen sein wird.

Wie war der Rundfunk in der frühen Bundesrepublik organisiert? Nach den Erfahrungen mit den gleichgeschalteten und vom Propagandaminister Goebbels gelenkten Medien und der fatalen Wirkung eines von der Regierung kontrollierten Rundfunks im Dritten Reich setzten sowohl die Alliierten als auch das Grundgesetz auf eine freie, nicht zentral gelenkte, föderal organisierte Berichterstattung. Darin sahen sie eine wesentliche Voraussetzung für das Gelingen der Demokratie.

Die Briten gründeten bereits im September 1945 für ihre Besatzungszone den Nordwestdeutschen Rundfunk (NWDR); 1956 teilte er sich in NDR und WDR. Der legendäre Organisator des NWDR, Hugh Greene, setzte auf eine gebührenfinanzierte, öffentlich-rechtliche Anstalt, die sowohl von der Regierung als auch von der Industrie unabhängig war. Dieses Modell, das die Zuständigkeit für den Rundfunk bei den Ländern und nicht beim Bund ansiedelte, setzte sich dann bei allen sechs Landesrundfunkanstalten durch, die sich 1950 zur ARD zusammenschlossen. Außer dem NWDR waren das der Bayerische Rundfunk, der Hessische Rundfunk, Radio Bremen, der Süddeutsche Rundfunk und der Südwestfunk.

Nach Ansicht vieler CDU-Politiker schlugen sich in der SPD-lastigen Besetzung der NWDR-Führungspositionen die politischen Vorlieben der britischen Labour-Regierung nieder. Diese Sichtweise führte zeitweise sogar dazu, dass der BND den NWDR ausspionierte, weil man der Meinung war, die halbe Führungsetage sei »moskauhörig«.

Als sich die künftige Bedeutung des Massenmediums Fernsehen am Horizont abzuzeichnen begann, drang die Bundesregierung auf Veränderungen. 1952 hatte der NWDR sein Fernsehprogramm gestartet, und bereits 1953 provozierte das Bundesinnenministerium mit seinem Entwurf eines »Gesetzes über die Wahrnehmung gemeinsamer Aufgaben auf dem Gebiet des Rundfunks« Verhandlungen zwischen Bund und Ländern über eine einvernehmliche Neuordnung des Rundfunks. Diese kamen aber nicht voran. Der größte Zankapfel war der Föderalismus, den die Ministerpräsidenten nicht preisgeben wollten, der der Adenauer-

Regierung aber ein Dorn im Auge war. Der Kanzler war der Meinung, dass die Regierung einen Anspruch darauf habe, ausschlaggebenden Einfluss auf die Massenmedien allgemein und auf den Rundfunk im Speziellen zu nehmen. Diese Auffassung entsprach zwar eher einem autoritären System als einer Demokratie, aber das kümmerte Adenauer nicht. Worum es der Regierung ging, sprach Adenauers damaliger Postminister Ernst Lemmer schon Anfang 1957 vor dem Rotary Club in Berlin mit entwaffnender Offenheit aus: »die Sachen des Rundfunks in Ordnung bringen« und »den Partikularismus, der heute herrscht, so weit wie möglich beseitigen.«

Freies Fernsehen GmbH

Parallel zu den sich hinziehenden Verhandlungen mit den Ländern (die keineswegs immer eine klare und einheitliche Linie verfolgten und oft im Alleingang nach eigenen Vorteilen suchten) begann die Adenauer-Regierung diskret, an der Umsetzung ihrer eigenen Vorstellungen zu arbeiten. Ihren Gesprächspartner fand sie in der *Studienkommission für Funk- und Fernsehwerbung e. V.*, in der sich die Industrie mit Zeitungsverlegern zusammengeschlossen hatte, um den Start eines privaten Fernsehsenders voranzutreiben. Die Industrie – vertreten durch den Bundesverband der Deutschen Industrie (BDI) – war vor allem an der Absatzsteigerung durch die Möglichkeiten des Werbefernsehens interessiert; die Verleger sahen in einem werbefinanzierten Sender eine potentielle Goldgrube (die kleineren allerdings auch eine unliebsame Konkurrenz für ihre Zeitungen). Hier trafen sie sich die Interessen der Studienkommission mit denen Adenauers und seines Pressechefs Felix von Eckardt. Dieser hatte während seiner Zeit als deutscher UN-Beobachter

1955 und 1956 in den USA studieren können, welche Möglichkeiten ein kommerzieller Fernsehsender bot – wirtschaftlich und auch politisch. Kennzeichnend für die Einstellung aller Beteiligten war, dass sie ganz selbstverständlich nur vom »Werbefernsehen« sprachen, wenn sie das Projekt meinten. Das Programm sollte lediglich als attraktives und damit verkaufsförderndes Beiwerk dienen.

Dass die Studienkommission bereits 1957 eine Frequenz für einen zweiten bundesweiten Fernsehsender beantragte, hatte auch etwas mit einem Wettlauf zu tun, der einen aus heutiger Sicht kuriosen Grund hatte: Man ging in den 1950ern davon aus, dass es aus technischen Gründen maximal zwei Fernsehfrequenzen geben könne. Und die ARD arbeitet bereits an Plänen für eine zweite Senderkette, die späteren dritten Programme. Es ging also darum, wer diese zweite Frequenz bekäme. Die Erkenntnis der Bundespost, dass auch ein drittes Programm technisch möglich sei, war damals noch nicht spruchreif. Die ARD-Pläne wurden ab 1957 nur noch von den SPD-Ländern weiterverfolgt – die CDU-Länder hatte Adenauer aus der Front herausbrechen können. Mit seiner absoluten Mehrheit sah Adenauer sich nämlich ausreichend gestärkt, um seine Pläne für ein privatwirtschaftlich organisiertes »Regierungsfernsehen« voranzutreiben und sich dafür mit der Studienkommission zu verbünden. Das privatwirtschaftliche Fernsehprojekt wurde zum – vorerst geheimen – Regierungsvorhaben.

Erstmals standen für alle erkennbar die beiden entscheidenden Streitfragen im Raum: Sollen Rundfunk und Fernsehen ausschließlich öffentlich-rechtlich und gebührenfinanziert sein oder soll es auch private und werbefinanzierte Sender geben? Und: Organisiert man Rundfunk zentralstaatlich oder auf Länderebene? Zu dieser Frage sagte das Grundgesetz, wie erwähnt, vermeintlich alles Nötige. Aber Adenauer legte die »Kulturhoheit der Länder« auf seine eigene Weise aus – und offenbarte damit nebenbei auch sein rein taktisches Verhältnis zu den verfassungsrechtlichen Grundlagen des neuen Staates. Er berief sich auf die Diskussionen im Parlamentarischen Rat 1948, an denen er selbst ja teilgenommen hatte, und erklärte, er habe der Sache mit der Kulturhoheit der Länder damals nur zugestimmt, weil die CDU-Mehrheit im Bund damals keineswegs sicher gewesen sei und man so wenigstens den CDU-regierten Bundesländern die Herrschaft über ihre Schulen gesichert habe. Mit Rundfunk habe die Kulturhoheit nie etwas zu tun gehabt. Rundfunk sei Bundessache, weil ja nur die Bundespost Frequenzen vergeben könne. Adenauers Rechtsauffassung wurde vom wichtigsten Gutachter der »Studiengesellschaft«, dem bereits in der NS-Zeit bewährten Rundfunkexperten (und späteren SPIEGEL-Kolumnisten!) Dr. Gerhard Eckert, gestützt: Er empfahl, sich auf das Fernmeldeanlagengesetz von 1928 zu stützen, um den Anspruch des Bundes zu begründen.

Der neue Bundespostminister Stücklen (CSU) legte sich tüchtig ins Zeug, um dem Privatfernsehen der Industrie den Weg freizuhalten. Am 30. Juni 1958 beauftragte ihn das Bundeskabinett mit der technischen Vorbereitung für eine zweite Sendekette; am 14. Januar 1959 billigte es seine Planungen. Und während er sich außer Stande sah, dem NDR die Benutzung bereits vorgesehener Frequenzen zu erlauben, und auf maximal Verzögerung setzte, fand er umgehend Zeit, dem Freien Fernsehen die beantragten Frequenzen zuzusprechen. Und im November 1960 forderte Stücklen zum Amüsement der Öffentlichkeit den NDR auf, die fünf bereits errichteten Sendemasten für ein eigenes Fernsehprogramm wieder »zu beseitigen«.

Am 5. Dezember 1958 gründete die »Studienkommission« dann die *Freies Fernsehen GmbH* (FFG) – was man mit dem

Medienforscher Rüdiger Steinmetz durchaus als »Pilotprojekt auf dem Weg zum dualen Rundfunk in Deutschland« bezeichnen kann. Das Scheitern des Adenauer-Projekts verschaffte dem öffentlich-rechtlichen Fernsehen eine Schonfrist von über 20 Jahren – erst Adenauers selbsternannter Enkel Helmut Kohl beendete sie 1984 mit der Zulassung privater Sender.

Das Freie Fernsehen wurde in Eschborn bei Frankfurt angesiedelt – ein ehemaliges Barackenlager diente als neues Domizil. Nicht nur wegen der baulichen Ausstattung, sondern auch wegen der schlechten Erreichbarkeit erhielt das Gelände bald den Spottnamen »Telesibirsk«.

Laut *Spiegel* vom 5. Dezember 2018 bestimmten der BDI und Kanzler Adenauer – vor der Öffentlichkeit verborgen – gemeinsam die Zusammensetzung des fünfköpfigen »Gesellschafterausschusses« (Aufsichtsrats): zwei Vertreter der Zeitungs- und Zeitschriftenbranche, je einer aus dem BDI, dem Mittelstand und dem Handel. Den Vorsitz hatte Heinrich G. Merkel, der Verleger der *Nürnberger Zeitung*.

Ein typisches Paradoxon der damaligen Zeit war, dass einer der aktivsten Antreiber der Privatfernseh-Pläne der Verleger John Jahr war. Zu seinem Portfolio gehörte unter anderem der SPIEGEL – der die Pläne eher kritisch begleitete und sich publizistisch an der Aufdeckung der vertuschten Beteiligung der Bundesregierung beteiligte.

Als Geschäftsführer wurden verdiente Statthalter der Politik und der Industrie eingesetzt: der ehemalige Staatssekretär Friedrich Gladenbeck (der zuvor wegen angeblicher Krankheit vorzeitig pensioniert worden war) und der BDI-Pressechef Heinz Schmidt. Das Erste, was für den Aufbau der neuen Fernsehanstalt gebraucht wurde, waren qualifizierte Mitarbeiter für Programm und Verwaltung – wobei »politische Zuverlässigkeit« und »positives Denken« auch unterhalb der Spitzenpositionen wichtige Kriterien waren.

Mein Vater – CDU-Mitglied – war in der Personalabteilung zuständig für die Lohn- und Gehaltsbuchhaltung.

Programmdirektor wurde der später als Sexualaufklärer bekannt gewordene Ernest Borneman, der dafür aus dem englischen Exil zurückkehrte. Eine bizarre Personalie war auch der Chef der Unterhaltungsabteilung: Helmut Schreiber, besser bekannt als »Zauberer Kalanag«, war bereits ein Liebling von Hitler und Goebbels gewesen. Die Planung des Vormittagsprogramms (! Amerika ließ grüßen.) verantwortete Peter von Eckardt, der Sohn des Bundespressechefs. Der größte Coup der FFG war die Verpflichtung des Star-Korrespondenten Peter von Zahn, der dafür seinen laufenden Vertrag mit der ARD verletzte und eine entsprechende Strafe zahlen musste.

Im Dezember 1959 beauftragte Pressechef von Eckardt im Namen der Bundesregierung die FFG, binnen eines Jahres ein Fernsehprogramm zu erstellen. Dieser Auftrag erfolgte geheim und wurde auch nach dem »Auffliegen« der Geheimoperation »Freies Fernsehen« lange abgestritten.

Selbst die CDU-Ministerpräsidenten erfuhren erst eine Woche später davon. Ebenfalls nicht veröffentlicht wurde natürlich, dass der Bund eine »Erstattungszusage« als Sicherheit 20 Mio. DM zur Verfügung stellte – ohne dass das in irgendeinem Haushaltsplan auftauchte. Das war ein klarer Verstoß gegen das Haushaltsrecht. Und die Regierung griff sogar zum Mittel der Lüge gegenüber dem Bundestag, um ihre Beteiligung zu vertuschen: Auf eine kleine Anfrage eines SPD-Abgeordneten behauptete sie am 16. März 1960, sie habe keine finanziellen Garantie gegenüber dem FFG übernommen.

Auf der Basis der Regierungsbürgschaft war ein Bankenkonsortium bereit, Kredite zur Verfügung zu stellen – angeführt von der Deutschen Bank und deren Chef Hermann Josef

Abs, einem engen Adenauer-Vertrauten. Die Bürgschaften des Bundes wurden auf Drängen der Gesellschafter in den folgenden Monaten und Jahren immer wieder ausgeweitet – denn das Unternehmen erwies sich als kostspielig. Der Bürgschaftsrahmen der Regierung weitete sich bis Ende 1961 auf 120 Millionen DM – ohne dass diese Beträge regulär im Bundeshaushalt aufgetaucht wären. Allerdings drehten die Banken im August 1960, nachdem sie zweimal 20 Millionen DM überwiesen hatten, den Kredithahn zu. Dabei spielte auch eine Rolle, dass die Gesellschafter das Stammkapital bis zum Ende nicht, wie eigentlich vereinbart und immer wieder eingefordert, auf zunächst 20 und dann 40 Millionen DM aufstockten. Es blieb bis zum Ende bei der lächerlichen Einlage von DM 20 000. Die Gesellschafter träumten zwar – inspiriert unter anderem vom bereits erwähnten Eckert-Gutachten – von gewaltigen Gewinnen (man kalkulierte mit Werbeeinnahmen in mindestens zehnfacher Höhe der Programmkosten), und viele Unternehmer rissen sich geradezu um die Anteile an der GmbH, aber ein Risiko wollten sie nicht eingehen. Die Realität der Aufbaujahre hieß also: permanenter Geldmangel. Das hatte unter anderem damit zu tun, dass man teilweise doppelt so hohe Gehälter wie die ARD zahlen musste, um Mitarbeiter wie z. B. Peter von Zahn und den Wissenschaftsmoderator Heinz Haber aus ihren sicheren Positionen loszueisen. Und die technische Ausstattung kostete ebenfalls viel Geld, wie auch das Produzieren von Programmvorrat. Letztlich waren die Prognosen viel zu optimistisch, so dass das Freie Fernsehen nach Ansicht von Rüdiger Steinmetz auch ohne das Verfassungsgerichtsurteil gescheitert wäre, und zwar in Form des programmatischen und finanziellen Bankrotts. Dennoch ging die FFG munter Verpflichtungen ein. Ende 1960 lagen diese bei 105 Millionen DM. Da – ohne Wissen des Parlaments und der Steuerzahler – der Bund vorerst unbegrenzt zu bürgen schien, konnte man fröhlich Geld ausgeben. Es handelte sich um eine typisch kapitalistische Veranstaltung: Sie wurde nur halb marktwirtschaftlich organisiert. Das heißt, Gewinne sollten privat abgeschöpft, Risiken und Verluste aber auf die Steuerzahler abgewälzt werden. Der *Spiegel* vom 10. August 1960 zitierte die elegante Umschreibung, die Gladenbeck für diese Strategie fand:

Sie werden sich denken können, dass eine Bank einen Kredit nur dann gibt, wenn sie eine ausreichende Sicherung in der Hand zu haben glaubt ... Sie werden verstehen, dass ich Ihnen über Sicherungsleistung und dergleichen hier nichts sagen möchte. Aber Sie werden aus der Haltung der Banken erkennen, dass sie in der Hergabe eines solchen Kredits kein sehr riskantes Geschäft zu sehen brauchen.

Einige Monate später, Ende Januar 1961, formulierte derselbe Gladenbeck den Sachverhalt in einem Brief an die FFG-Gesellschafter dann durchaus mahnend und fast schon vorwurfsvoll:

Bei der Bundesregierung (...) sind (...) mehrfach Bedenken laut geworden, ob ihre Haltung der FFG gegenüber bezüglich der Erstattungszusage in vollem Umfange richtig war; entscheiden doch bei der jetzigen Handhabung Persönlichkeiten aus der freien Wirtschaft über die Anlage sehr beträchtlicher Millionenbeträge, die durch Staatszusagen gedeckt sind, in vollkommener Freiheit, ohne sich selbst in nennenswerter Weise am finanziellen Risiko zu beteiligen.

Ein Ziel der Gesellschafter war nach Aussage des Geschäftsführers Gladenbeck, das exklusive Recht zur Ausstrahlung von Werbesendungen zu bekommen. Die 1956 vom Bayerischen Fernsehen begonnene (und bis heute geltende) Praxis der Öffentlich-Rechtlichen, im Vorabendprogramm Werbung zu zeigen, wollte man kippen, um die Konkurrenz vom Hals zu haben. Dafür wollte man auf einen Anteil an den Rundfunkgebühren verzichten. Diese waren aber ohnehin saure Trauben: Für eine Beteiligung des FFG hätte es eines Abkommens zwischen Bund und Ländern bedurft, das schon von einem (SPD-regierten) Land blockiert werden konnte.

Und eine Blockade durch die Länder wurde immer wahrscheinlicher. Im Jahr 1960 kulminierte die dramatische, vor allem hinter den Kulissen geführte Auseinandersetzung um die künftige Rundfunkordnung. Die Fronten verliefen zwischen Bundesregierung und den Ländern – und damit mitten durch die CDU. Auch die katholische Kirche versuchte Einfluss zu nehmen – die deutschen Bischöfe waren mehrheitlich gegen ein »Monopol für eine vom Großkapital gegründete Gesellschaft« (so drückte es der Limburger Bischof Kampe aus) und wussten den rheinland-pfälzischen Ministerpräsidenten Altmeier mehr oder weniger auf ihrer Seite. Wie Adenauer agierte, wird aus einer Äußerung zu Altmeier im Juli 1960 deutlich, als er laut Gesprächsprotokoll sagte: »Jetzt möchte ich aber einmal als Vorsitzender der Partei zu Ihnen sprechen. Wenn Sie uns konsequent Schwierigkeiten machen, dann werden Sie aber in Ihrem eigenen Lande was erleben!«

Die gesamte Auseinandersetzung fand unter enormem Zeitdruck stand, denn Adenauer bestand darauf, dass ein regierungsfreundlicher Sender zum 1. Januar 1961 auf Sendung gehen müsse – sonst seien die Wahlchancen im Herbst 1961 massiv beeinträchtigt. Für ihn war sonnenklar, dass es die Aufgabe des neuen Senders sein würde, die CDU beim Gewinnen von Wahlen zu unterstützen. In der Besprechung mit den Unions-Ministerpräsidenten im Juli 1960 sagte er in der ihm eigenen, ungeschminkten Art: »Meine Herren, ich denke an die Wahlen, und ich glaube, Sie werden mal froh sein, auch Sie in Rheinland-Pfalz, Herr Altmeier, wenn wir die Wahlen gewinnen, auch Nordrhein-Westfalen wird froh sein.«

Im Sommer 1961 zeigte sich, dass die Regierung sowohl mit dem Versuch gescheitert war, mit den Ländern einen Staatsvertrag oder (Favorit des Bundes) ein Verwaltungsabkommen über einen zweiten Fernsehsender zu schließen (diese Verhandlungen waren bereits im Februar 1958 beendet worden), als auch mit dem Entwurf eines Bundesrundfunkgesetzes, in dem ein »Deutschland-Fernsehen« verankert war. (Das am 29. November 1960 verabschiedete Gesetz regelte nur die Bundeszuständigkeit für die Radiosender »Deutschlandfunk« und »Deutsche Welle« – mit der Begründung, diese richteten sich an das Ausland, und Außenpolitik sei Bundes- und nicht Ländersache.) Beide Pläne prallten am Zusammenhalt der Bundesländer ab, die darauf bestanden, dass der neue Fernsehsender unter dem Dach der ARD angesiedelt würde, also durch die Landesrundfunkanstalten und damit durch die Länder kontrolliert würde. Dabei ging es ganz sicher nicht nur um das hehre Prinzip des Föderalismus und die Freiheit der Berichterstattung, sondern auch um Einfluss, Macht und Pfründe, also Posten in Fernsehräten etc.

Um formal eine Beteiligung der Länder herzustellen, griff die Regierung im Sommer 1960 auf ihren »Plan C« zurück, eine recht abenteuerliche Konstruktion: Eine scheinbar private Gesellschaft sollte die Fernsehlizenz erhalten – und an die FFG weiterreichen. An dieser Gesellschaft sollte der Bund mit 51 Prozent, die Länderseite mit 49 Prozent beteiligt sein. Mit diesem Plan gelang es Adenauer, die CDU-Ministerpräsidenten am 8. Juli 1960 zu überrumpeln und zumindest ruhigzustellen. Am 25. Juli 1960 unterzeichneten Adenauer und sein Justizminister Fritz Schäffer »als Privatpersonen« bei einem Notar die Gründungspapiere der *Deutschland Fernsehen GmbH* – und zwar öffentlichkeitswirksam und demonstrativ in Gegenwart von Kameras der ARD. Adenauer stand für die 51 Prozent des Bundes – und Schäffer fungierte als »Treuhänder« der Bundesländer. Auf diese Lösung war Adenauer verfallen, weil er insbesondere den SPD-Ministerpräsidenten keinerlei Einfluss- und Verhinderungsmöglichkeiten auf seine Fernsehpläne mehr verschaffen wollte. Die Länder, die wollten, könnten der Gesellschaft ja nachträglich beitreten. Vor allem die SPD-Länder wollten das aber keineswegs – und so vertrat Schäffer hier treuhänderisch Akteure, die nichts weniger wollten, als von ihm vertreten zu werden.

Nachdem die SPD-regierten Länder Hamburg, Bremen, Niedersachsen sowie mit einer eigenen Klage auch Hessen juristisch gegen die Eintragung der GmbH ins Handelsregister zu Felde zogen und sich auch kein CDU-regiertes Land zu einem Beitritt zur GmbH hatte entschließen können, übernahm der Bund bereits am 25. August 1960 die restlichen 49 Prozent. Das Adenauer-Fernsehen steuerte nun unweigerlich auf die Klippe »Bundesverfassungsgericht« zu.

Bevor dieses aber tätig wurde, trieb sowohl die FFG die Arbeiten am künftigen Programm voran als auch die Bundesregierung die personelle Besetzung ihrer *Deutschland-Fernsehen GmbH*. Dabei ging Adenauer erstaunlich direkt vor. Die fünf Rundfunk-(= Aufsichts-)Räte wurden aufgrund sehr genauer Vorgaben aus dem Kanzleramt bestimmt – man wollte laut dem schleswig-holsteinischen Ministerpräsidenten Kai-Uwe von Hassel »eine Zusammensetzung, die für die CDU insgesamt die bessere ist und die sicherstellt, dass wir, die CDU, die Mehrheit bekommen«. Und als Intendanten wünschte Adenauer explizit »eine uns genehme Persönlichkeit«. Interessanterweise fiel seine Wahl auf den späteren ersten ZDF-Intendanten Karl Holzamer. Diesem verweigerte der Aufsichtsrat aber in zwei Anläufen die Mehrheit, so dass der Posten des Intendanten nur kommissarisch besetzt wurde. Es war eine schallende Ohrfeige für Adenauer, dass der von ihm »handverlesene« (Rüdiger Steinmetz) Aufsichtsrat seinem persönlichen Favoriten die Wahl verweigerte.

Das Urteil

Das zweite Fernsehprogramm sollte natürlich auch ein Wahlkampfschlager sein – auch deswegen wünschte die Regierung sich, wie erwähnt, den Start zum 1. Januar 1961, also rechtzeitig vor der Bundestagswahl im Herbst. Das Medium an sich war populär, so dass eine Ausweitung des Angebots vielen Wählern gefallen hätte. Und ein regierungsfreundliches Fernsehprogramm hätte die Wahl ebenfalls positiv beeinflussen können.

Aber vor einer solchen Wahlhilfe stand die Verhandlung vor dem Bundesverfassungsgericht über die Zulässigkeit der *Deutschland-Fernsehen GmbH* – und damit indirekt auch der FFG. Die mündliche Verhandlung fand vom 28.–30. November 1960 in Karlsruhe statt – und am 17. Dezember platzte die Bombe in die Bonner Vorweihnachtsstimmung: Per einstweiliger Verfügung verbot das Gericht die Ausstrahlung eines weiteren Fernsehprogramms (außer der ARD) bis zur Entscheidung in der Hauptsache. Damit war der Sendestart 1. Januar 1961 gestorben – und auch die dauerhaften Aussichten für das Adenauer-Fernsehen waren rapide beschädigt.

Am 28. Februar 1961 schließlich folgte das berühmte »Fernsehurteil« des Bundesverfassungsgerichts, das Adenauers Plan eines vom Bund gesteuerten und von der Privatwirtschaft dominierten Fernsehsenders endgültig für grundgesetzwidrig erklärte. Das Gericht hielt der Bundesregierung zudem vor, gegen den Grundsatz des bundesfreundlichen Verhaltens verstoßen, also die Länder (mit denen man den

113

Bund bildete, der sich Bundesrepublik nannte) rechtswidrig übergangen zu haben. Das Gericht formulierte in der Urteilsbegründung einige Kernsätze zum Verhältnis von Rundfunk / Fernsehen und Staat:

> *Art. 5 GG verlangt (…), dass dieses moderne Instrument der Meinungsbildung weder dem Staat noch einer gesellschaftlichen Gruppe ausgeliefert wird. Die Veranstalter von Rundfunkdarbietungen müssen also so organisiert werden, dass alle in Betracht kommenden Kräfte in ihren Organen Einfluss haben und im Gesamtprogramm zu Wort kommen können, und dass für den Inhalt des Gesamtprogramms Leitgrundsätze verbindlich sind, die ein Mindestmaß von inhaltlicher Ausgewogenheit, Sachlichkeit und gegenseitiger Achtung gewährleisten. Das lässt sich nur sicherstellen, wenn diese organisatorischen und sachlichen Grundsätze durch Gesetz allgemein verbindlich gemacht werden. Art. 5 GG fordert deshalb den Erlass solcher Gesetze.*

Und das Gericht zerpflückte auch Adenauers waghalsige Argumentation bezüglich der Zuständigkeiten. Der Bund sei zwar für Übertragungstechnik und bundeseinheitliche Zuteilung der Frequenzen zuständig, habe aber keine Kompetenz zur *Veranstaltung* von Rundfunk. Man muss hier unweigerlich an die Sentenz denken, mit der Carlo Schmid (SPD) bereits 1948 im Parlamentarischen Rat den Unterschied anschaulich erklärt hatte: *Die Übertragung einer Beethoven-Symphonie ist so wenig die Sache des Fernmeldewesens wie ein Konzert die Sache des Geigenbauwesens.*

Das Gericht grenzte seine Rechtsauffassung auch explizit gegen die Regelung in der Weimarer Republik ab, wo die Reichspost tatsächlich auch für den Inhalt der Rundfunksendung verantwortlich gewesen war – was den Nationalsozialisten die Übernahme des Radioprogramms und damit des damals wichtigsten und einflussreichsten Massenmediums sehr erleichterte.

Adenauer und seine Regierung hatten schwer zu schlucken an diesem Urteil. Adenauer hielt es für falsch und haderte zwei Tage danach im Hintergrundgespräch mit Pressevertretern: Es sei »schrecklich geradezu, dass die Anlage des Grundgesetzes eine so föderalistische war«. Damit stellte er eine der zentralen Lehren aus dem Nationalsozialismus in Frage – weil sie ihn bei der eigenen Machtausübung behinderte.

Bei den etwa 500 Mitarbeitern des Freien Fernsehens löste das Urteil natürlich einen Schock aus. Die Stimmung in den Baracken am Rande von Eschborn war auf dem Tiefpunkt. Wie würde es für den Sender weitergehen? Und wie sah es für die eigene Zukunft aus? Die in der Verwaltung Tätigen – darunter mein Vater – begriffen, dass sie nach dem mühsamen und engagiert betriebenen Aufbau des Senders jetzt das Abwickeln der Einrichtung organisieren mussten – bevor auch nur eine Minute gesendet worden war.

Parallel zur Liquidation der FFG berieten die Ministerpräsidenten der Länder nach dem Scheitern des Regierungsfernsehens über die verfassungskonforme Ausgestaltung eines zweiten überregionalen, von der ARD unabhängigen Fernsehsenders. Denn dieser wurde ja von den Zuschauern sehnlichst erwartet – abblasen konnte und wollte man das Ganze also nicht mehr. Am 6. Juni 1961 beschloss die Ministerpräsidentenkonferenz in Stuttgart den Staatsvertrag der Länder über die Gründung des ZDF. Nach langen Diskussionen wurde zur Erleichterung der FFG-Mitarbeiter Mainz als Standort des neuen Senders auserkoren. Das ermöglichte es vielen überhaupt erst, sich beim neuen Sender zu bewerben.

Wären die ebenfalls diskutierten Standorte Essen oder Düsseldorf zum Zuge gekommen, hätten viele von vornherein die Segel streichen müssen, weil ihre Familien im Rhein-Main-Gebiet verankert waren. (Mein Vater war in dieser Hinsicht übrigens eine Ausnahme. Die ganzen Jahre, die er bei der FFG und beim ZDF arbeitete, führten meine Eltern eine Wochenendehe. Meine Mutter lebte im gemeinsam erbauten Haus in ihrem Heimatdorf im nördlichen Rheinland-Pfalz – mein Vater war von Montagfrüh bis Samstagmittag in Eschborn bzw. in Mainz.)

Als der ZDF-Staatsvertrag am 1. Dezember 1961 in Kraft trat, hatten ihn zunächst nur die drei CDU-Länder Baden-Württemberg (mit Ministerpräsident Kiesinger), Nordrhein-Westfalen (Meyers) und Rheinland-Pfalz (Altmeier) ratifiziert; die anderen folgten später – und als Letztes, wie üblich, Bayern.

Der Pfeil, den Adenauer mit seinem Regierungssender im Köcher zu haben glaubte, hatte sich in einen Bumerang verwandelt. Das Fiasko des Freien Fernsehens trug ohne Zweifel sowohl zu den Stimmenverlusten der Union bei der Bundestagswahl bei als auch zur allmählich einsetzenden Götterdämmerung, die 1963 zur Ablösung Adenauers durch Ludwig Erhard im Kanzleramt führte. Betrachtet man allerdings einen etwas längeren Zeitraum, kann man auch zum Schluss kommen, dass Adenauer und die CDU ihr Hauptziel erreichten. Denn das ZDF, das seinen Sendebetrieb 1963 aufnahm, wurde nicht ohne Grund manchmal als »christlich-demokratisches Fernsehen« verspottet – und erster Intendant wurde genau jener Karl Holzamer, den Adenauer schon für seine Deutschland Fernsehen GmbH favorisiert hatte. Zwar war es nicht gelungen, einen kommerziellen Sender zu etablieren – aber das politische Hauptziel eines nationalen, von der ARD unabhängigen, CDU-freundlichen zweiten Fernsehpro-

gramms hatte man erreicht. (Eines der ersten Fernsehrats-
mitglieder war übrigens, ab Dezember 1962, Rainer Barzel,
Adenauers Minister für gesamtdeutsche Fragen.)

Der beharrliche Druck der Adenauer-Regierungen und die
sorgfältig geschürte öffentliche Erwartung eines erweiter-
ten Programmangebots hatten die Ministerpräsidenten
letztlich weichgekocht und sie das Beharren auf eine Anbin-
dung des »Zweiten« an die ARD aufgeben lassen.

Die Bundesregierung zog sich nach dem Urteil aus allen
rundfunkpolitischen Initiativen zurück und war nur darauf
bedacht, das Defizit der FFG so gering wie möglich zu halten. Der Königsweg aus Sicht der Regierung wäre die Übernahme aller Aktiva und Passiva durch die Länder oder durch
das ZDF gewesen, aber *die entsprechende Anfrage des Fern-
sehbeauftragten von Eckardt beantworten die Länderchefs
(…) nicht einmal,* wie die FAZ 2015 schrieb. Und auch als
Adenauer diese Bitte von seinem Urlaubsort Cadenabbia aus
wiederholte, stellten die Ministerpräsidenten sich taub. Die
Katze im Sack wollte niemand kaufen. Die Liquidation des
»Freien Fernsehens« erwies sich als weitaus komplizierter.

Geschäftsführer Gladenbeck sah die Finanzlage der FFG
im Februar 61 (also vor dem endgültigen Urteil) so kritisch,
dass er plante, sie zum 31. März 1961 zu liquidieren. Oder er
wollte mit dieser Drohung weitere Finanzzusagen der Bundesregierung erpressen – was ihm auch gelang: Die FFG erhielt dank Unterstützung der Bundesregierung im Mai 1961
einen Überbrückungskredit von 7,5 Mio. DM von der »Rheinischen Girozentrale«; hinzu kam ein Überziehungskredit
des Bankenkonsortiums von 5 Millionen DM. Die Regierung
war auch deshalb erpressbar, weil sie der Öffentlichkeit, wie
erwähnt, ihr finanzielles Engagement im Zusammenhang
mit der FFG bisher komplett vorenthalten hatte.

Nach dem endgültigen Urteil des Verfassungsgerichts am
28. Februar 1961 ging die Federführung beim FFG vom

Kanzleramt und dem Bundespresseamt auf das Bundesfinanzministerium über. Vorher hatte Geld scheinbar keine Rolle gespielt (der spätere SWR-Intendant Hans Bausch sprach von »Schuldenmachen in großem Stil«), aber jetzt sollten die Verluste optisch so klein wie möglich gehalten werden. Das Finanzministerium setzte im März 1961 den Betriebsberater Arno Seeger aus Bonn-Bad Godesberg als Liquidator der FFG ein. Er sollte »die Rechte und Pflichten des Bundes« wahren, die verwertbaren Reste zu Geld machen – und einen Konkurs vor der Bundestagswahl im September 1961 vermeiden.

Um den finanziellen Verlust der FFG in Grenzen zu halten, galt es, sowohl die technische Ausstattung als auch das bereits produzierte Programm (ca. 400 Stunden) zu versilbern. Bereits fertige oder begonnene Produktionen, von denen man sich viel versprochen hatte, die aber logischerweise noch nicht über den Sender gelaufen waren, mussten vermarktet werden. In einer ersten Schlussbilanz wurde dieses »Programmvermögen« recht optimistisch mit 49,563 Mio. DM bewertet. Am Ende übernahm das ZDF 330 Stunden für lediglich 10 Mio. DM. Für die Übernahme der technischen Einrichtung und der Gebäude in Eschborn bezahlte Rheinland-Pfalz (in Vertretung des in Gründung befindlichen ZDF) am 4. Dezember 1961 knapp 16,3 Mio. DM. Ein »Übertragungswagen-Zug« (bestehend aus einem Regie- und einem Technikwagen) aus den USA – Anschaffungspreis 1 Mio. DM – ging für 809 000 DM an den Sender Freies Berlin. Dank dieses Ü-Wagens gelangen im August 1961 Live-Aufnahmen vom Mauerbau, die sonst nicht machbar gewesen wären.

Für die Mitarbeiter am niederschmetterndsten war natürlich die Mitte Mai 1961 ausgesprochene Kündigung fast aller Verträge zum 30. Juni 1961. Aus einem im Aufbau befindlichen Unternehmen war durch das Urteil ein Abwicklungsfall geworden. Kurioserweise war die Zahl der Mitarbeiter nach der einstweiligen Verfügung kurz vor Weihnachten 1960 noch einmal um ca. 30 Prozent gestiegen – man hatte munter eingestellt und nicht mit einem Scheitern vor Gericht gerechnet. Ursprünglich geplant hatte man laut einem Dokument vom 11. Juni 1960 mit ca. 280 Mitarbeitern. Am 9. September 1960 waren davon erst 148 eingestellt, am 31. Dezember 1960 lag man mit 352 bereits weit über Plan. Am 4. Januar 1961 waren es dann – wegen vieler Anstellungen, unter anderem von 12 Sekretärinnen am möglichen Zukunftsstandort Köln – schon 433. Und im März dann 490.

Weil die Motivation nach der Massenkündigung auf null sank und viele Mitarbeiter sich in den Resturlaub verabschiedeten, lagen selbst elementarste Verwaltungsangelegenheiten lahm. Personal für die Liquidation war Mangelware. Nur einige wenige Mitarbeiter – vor allem Techniker – wurden bis zum 30. November 1961 weiterbeschäftigt und direkt zum 1. Dezember 1961 vom ZDF übernommen.

Allerdings war der Arbeitsmarkt für qualifizierte Kräfte günstig: Fernsehen war ein aufstrebendes Medium und manche Mitarbeiter konnten reumütig zur ARD zurückkehren. Eine Perspektive war auch das in Gründung befindliche ZDF, das aber erst 1962 in großem Stil Leute einstellte, darunter auch viele ehemalige FFGler.

Karl-Anton Ebert war an den meisten Einstellungsgesprächen und dem Aushandeln der Gagen für das ZDF beteiligt. Eigentlich etwas, das ihm lag und ihm Freude machte. Nur für die Verhandlungen von Gagen für Künstler – oder für solche, die sich dafür hielten – konnte er sich anfangs weniger begeistern. Umso mehr imponierte es ihm, wenn er auf einen Künstler oder »Promi« traf, der sich normal ausdrückte und Bodenhaftung hatte. Von denen erzählte er (ohne Zahlen offenzulegen) auch schon mal im engsten Familienkreis.

Kostspielig war die Verabschiedung der leitenden Mitarbeiter, die oft lang laufende und recht hoch dotierte Verträge hatten. Insgesamt weisen die zugänglichen Dokumente Abfindungszahlungen von ca. 1,2 Mio. DM aus. Seeger versuchte vergeblich, diese Abfindungen noch zu drücken. Die Betroffenen nahmen freudig, was man ihnen in der Euphorie der Gründungsstimmung zugesagt hatte.

Am Ende der Liquidation der FFG stand im Januar 1964 ein offiziell eingeräumtes Defizit von 35 Mio. DM, das die Bundesregierung aus einem »Leertitel« im Bundeshaushalt ausglich. Der Medienwissenschaftler Rüdiger Steinmetz, der die bekannten FFG-Akten so gründlich studiert hat wie niemand sonst, kam in seinem 1996 erschienenen Buch zum Ergebnis, dass dieser Betrag plausibel sei.

Zur Frage, ob das die ganze Wahrheit ist, mehr im nächsten Kapitel. Aufhorchen ließ schon damals eine Bemerkung des SFW-Intendanten Hans Bausch, wenn alles mal ans Licht komme, könnten es leicht auch 80 oder 100 Millionen DM sein. Und in diesen Bereich kommt man tatsächlich, wenn man die Bankkredite von 52,5 Millionen DM hinzurechnet, die ja ebenfalls die Bundesregierung bereits im August 1961 zurückgezahlt hatte. Dann hätte der Spaß den Steuerzahler also mindestens 87,5 Mio. DM gekostet.

Dieser Betrag mag heute nach »Peanuts« klingen – aber 1961 rechnete man noch in anderen Größenordnungen. Der Bundeshaushalt 1961 lag bei ca. 50 Milliarden DM. Dagegen lag der Etat 2018 bei 336 Milliarden Euro, was umgerechnet 658 Millionen DM wären, also mehr als das Dreizehnfache des Volumens von 1961. Die 87,5 Millionen DM Verlust der FFG wären heute also ca. gleichbedeutend mit fast 600 Millionen Euro.

Das ZDF befand sich in den ersten Jahren nach seiner Gründung in einer finanziell stets schwierigen Lage. Die Werbeeinnahmen blieben hinter den gesteckten Erwartungen zurück. Von den monatlich DM 5,- Radio- und Fernsehgebühren der Beitragszahler gingen 27 Prozent an die Post für das Sendernetz und den Gebühreneinzug. Den Rest teilten sich ARD und ZDF im Verhältnis 70:30. Pro Gebührenzahler entfielen auf das ZDF also nur DM 1,10 pro Monat. Eine ewige Herausforderung für Karl-Anton Ebert, der Gehälter und Honorare verhandelte, und für die gesamte Finanzabteilung des Senders. Ständig mussten Mittel beschafft werden, um den Sendebetrieb aufrechtzuerhalten. Und damit die Schwierigkeiten nicht weniger wurden, befand – wer konnte es anderes sein? – der Bayerische Rundfunk, dass der Staatsvertrag eine Verletzung des Grundgesetzes und der bayerischen Landesverfassung enthalte, woraufhin das Land Bayern die Zahlungen der Rundfunkgebühren zum 1. September 1963 einstellte. Die nervenaufreibende Zeit und die Belastung brachte mein Vater auch am Wochenende mit zu seiner Familie nach Hause. »Querschädel, Holzköpfe, Hinterwäldler« – so betitelte er die bayerischen Gesprächspartner, mit denen er fast täglich verhandeln musste. Zwei Jahre sollte es dauern, bis nach einem Urteil des Bundesverwaltungsgerichts vom 5. November 1965 die Gebührenzahlungen aus Bayern wieder in die Kassen des ZDF flossen.

In diesem Kapitel war nicht zufällig viel von Geld die Rede. Denn neben dem politischen Drama um das »Adenauer-Fernsehen«, das die bundesdeutsche Gesellschaft Anfang der 60er ebenso durchschüttelte wie die kurze Zeit später ausgelöste »Spiegel-Affäre«, gab es rund um die FFG auch sehr undurchsichtige Finanzströme. Sie lassen sich bis heute nur teilweise rekonstruieren, und das Puzzle ist auch fast sechzig Jahre später noch keineswegs vollständig. Ein bisher unbekanntes Puzzleteil ist möglicherweise die Geschichte, die mein Vater mir 1989 anvertraute.

Anruf aus Bonn

Ich gebe in diesem Kapitel aus dem Gedächtnis wieder, was mein Vater mir vor dreißig Jahren, im Jahr 1989 erzählt hat. Und das, was er mir damals erzählte, war zu dieser Zeit ebenfalls schon fast dreißig Jahre her. Warum erzähle ich es jetzt öffentlich? Weil ich mir gewiss bin, dass sich eine solche Geschichte nicht einfach erfinden lässt. Daran, dass mein Vater an den entsprechenden Stellen gearbeitet hat und Insiderwissen hatte, besteht kein Zweifel. Und er war kein Mensch, der eine Unwahrheit in die Welt gesetzt hätte. Mein Vater hat mir sein Wissen als eine Art Vermächtnis mitgegeben. Er wollte das Geheimnis nicht mit ins Grab nehmen – und hätte sicher auch nicht gewollt, dass ich das tue.

Ich kann die hier erzählte Geschichte nicht beweisen – aber vielleicht lassen sich Indizien finden, wenn man die vorhandenen Quellen und Akten vor dem Hintergrund dieses unglaublich klingenden Berichts meines Vaters noch einmal gezielt studiert. Meine eigenen Möglichkeiten hätte dies weit überstiegen, und mir selbst gibt die Geschichte weiterhin Rätsel auf, das bekenne ich offen. Manches, was man anderswo lesen kann, scheint sogar im Widerspruch zur Erzählung meines Vaters zu stehen. Und ich hüte mich, zu behaupten, ich wüsste, wie es damals gewesen ist. Vieles in diesem Kapitel muss Spekulation bleiben.

Aber dass es im Zusammenhang mit dem Freien Fernsehen offene Fragen und mysteriöse Dinge gibt, das wird bereits nach einem flüchtigen Blick in die Akten klar. Die Gelegenheit, auf diese Weise Gelder für den eigenen Zweck abzuzweigen, war fast unwiderstehlich: Die Bundesregierung bürgte insgeheim, ohne jede öffentliche Kontrolle, für sämtliche Anlaufkosten der FFG, weil das Adenauer-Fernsehen politisch unbedingt gewollt war. In den Führungspositionen des Senders saßen Bonner »Spezis« der politisch Verantwortlichen. Nach dem Urteil des Bundesverfassungsgerichts musste die FFG möglichst schnell und diskret abgewickelt werden, und zwar unter Vermeidung kritischer Nachfragen einer zunehmend empörten Opposition und Öffentlichkeit – man war schließlich im Wahlkampf. Und das ZDF sollte zügig starten und die Vorarbeiten der FFG nutzen, ohne dass sie zur Hypothek wurden. In den Jahren 1961 und 62 ging es in Eschborn und Mainz drunter und drüber. Den vollständigen Überblick über alle finanziellen Transaktionen dürfte niemand gehabt haben. In Rüdiger Steinmetz' Buch über das »Freie Fernsehen« ist ein Abschnitt der »Prüfung der Angemessenheit der Aufwendungen« im Rahmen der Abwicklung gewidmet, wobei den Prüfern bereits »die Anlegung eines großzügigen Standpunkts« nahegelegt wurde. Es ist auch von »überhöhten Aufwendungen« und »unangemessen hohen Anstellungsverträgen« die Rede. Und die Rolle der prüfenden »Treugesellschaft« und des Liquidators Arno Seeger würde eine nähere Betrachtung lohnen. All das ist, wie gesagt, kein Beweis – aber es erhöht die Plausibilität dessen, was mein Vater mir anvertraut hat.

Manche Fragen, die mir beim Schreiben dieses Buchs kamen, sind auch für mich unbequem und schmerzlich: War mein Vater nur Zeuge und Mitwisser oder auch Mittäter? War seine nahtlose Übernahme durch das ZDF – er war einer der Ersten, die wechselten – eine Art Belohnung? Ein Schweigegeld? Hat ihn vor seinem Tod nur bedrückt, dass er um ein Geheimnis wusste – oder auch, dass er an einer großen Finanzmanipulation zur Bereicherung einer Partei mitgewirkt und deren Urheber jahrzehntelang durch sein Schweigen gedeckt hatte?

»Was ich weiß, ist so etwas wie eine politische Bombe.«

Es ist ein lauer Sommerabend im Juni des Jahres 1989. Karl-Anton Ebert ist bedrückt. Seine Frau, mit der er seit über 50 Jahren verheiratet ist und mit der er so viel erlebt hat, ist ernsthaft erkrankt und muss gepflegt werden. Mit seinen 85 Jahren ist er nicht mehr fit genug, um alleine durch die Welt zu reisen. Seine letzte Urlaubsreise liegt schon zwei Jahre zurück, und in diesem Jahr ist seine Reiseplanung daran gescheitert, dass seine Kinder – meine älteren Geschwister –, mit denen er einen gemeinsamen Urlaub geplant hatte, ihn kurz vor der Abreise unter einem Vorwand wieder ausgeladen haben. Sie sind ohne ihn abgereist. Die Pflege meiner Mutter während seiner Abwesenheit war gesichert – ich wohnte im selben Haus wie sie. Die gepackten Koffer stehen immer noch im Flur. Jetzt wird er sie wieder auspacken müssen. Er ist bitter enttäuscht. Und er denkt darüber nach, wie viel Zeit ihm noch vergönnt sein wird und was ihm in dieser Zeit wichtig ist. Aus dieser Stimmung heraus bittet er mich an diesem Abend, auf ein Bier mit ihm zur Rheinpromenade zu fahren, um einfach mal wieder miteinander zu plaudern. Wir sitzen in einem der Rheinhotels und reden über Familie, über Zukunftspläne, über die Krankheit seiner Frau ... als er plötzlich das Thema wechselt:

Ich werde dir jetzt etwas erzählen, worüber ich noch nie mit jemandem gesprochen habe. Auch mit niemandem sonst aus der Familie. Was ich dir jetzt sage, belastet mich schon seit fast dreißig Jahren, und ich muss endlich mal mit jemandem darüber sprechen. Was ich weiß, könnte für bestimmte Personen so etwas wie eine politische Bombe sein, deshalb werde ich auch dir keine Namen nennen.

Und er fährt fort:

Du weißt ja, dass ich zuletzt beim ZDF in Mainz gearbeitet habe. Und bevor ich dort der leitende Buchhalter wurde, war ich beim »Freien Fernsehen« in Eschborn bei Frankfurt tätig, dem sogenannten Adenauer-Fernsehen. Ich war dort in der Personalabteilung für die Lohn- und Gehaltsbuchhaltung zuständig. Als das »Freie Fernsehen« per Gerichtsbeschluss verboten wurde, sahen meine Kollegen und ich uns schon wieder als Arbeitslose auf der Straße sitzen. Keiner wusste, wie es jetzt weitergehen sollte. In den folgenden Wochen waren wir mit Abwicklungsarbeiten beschäftigt.

An einem Freitagnachmittag, kurz vor Feierabend, kam unser oberster Chef persönlich in unsere Büros und kündigte eine dringende Besprechung im kleinsten Kreis an, die nach Dienstschluss stattfinden werde. So etwas war bis zu diesem Zeitpunkt noch nie dagewesen. Und der Chef wirkte außerordentlich angespannt, das weiß ich noch. Teilnehmer dieser Besprechung waren nur vier Mitarbeiter aus Verwaltung und Buchhaltung. Was er uns dann zu sagen hatte, klang für jeden von uns im ersten Moment so ungeheuerlich, dass wir an einen Scherz glaubten. Er hatte am Nachmittag einen Anruf von einer Bonner Behörde bekommen. Darin wurde angekündigt, dass am Montag ein Kurier aus Bonn nach Eschborn kommen werde. Dieser Kurier werde veränderte Arbeitsverträge für Mitarbeiter des Freien Fernsehens übergeben, nach denen diesen Mitarbeitern Abfindungen zustünden.

Die neuen Verträge seien so ausgestaltet, dass sie juris-
tisch unanfechtbar seien. Deshalb bestehe für uns kein Ri-
siko bei der Umsetzung. Es komme nur darauf an, dass
alle Beteiligten sich zu Stillschweigen verpflichteten.

Als Gegenleistung habe der geheimnisvolle Anrufer aus
Bonn die übergangslose Übernahme aller Beteiligten
durch das in Planung befindliche »Zweite Deutsche Fern-
sehen« in Aussicht gestellt. Wir hätten 24 Stunden Zeit,
uns zu beraten und das Bonner Amt vom Ergebnis unserer
Entscheidung zu informieren.

Was für eine Räuberpistole! Ich versuche mir die Situation vorzustellen: vier Männer, die es gewohnt sind, Anordnungen von oben zu befolgen und nicht zu intensiv nach dem Warum und Wieso zu fragen. Sie bangen um den Arbeitsplatz, den sie erst vor gut einem Jahr angetreten haben und jetzt selbst abwickeln sollen. Mein Vater ist im fortgeschrittenen Alter von 55 Jahren und Pragmatiker – er will ganz sicher seine Stelle behalten. Um noch einmal neu anzufangen, ist er zu alt. Ein weiterer Neustart wird ihm kaum mehr gelingen. Und er hat im Leben schon Dinge erlebt, die seinen moralischen Kompass stärker herausgefordert haben, beispielsweise im Krieg. Auch das gilt vermutlich für alle Beteiligten, die sicherlich ebenfalls Kriegsteilnehmer gewesen sind. Jetzt haben sie Familie, und vielleicht bauen auch andere gerade – wie mein Vater – ein Haus. Ihnen wird versichert, alles sei juristisch hieb- und stichfest – aber gleichzeitig sollen sie erstens schweigen und zweitens mit einer nahtlosen Anstellung beim ZDF bestochen werden. Es ist offensichtlich, dass hier etwas nicht stimmt. Aber ist den Beteiligten, ist meinem Vater klar, dass es von seiner Entscheidung in diesen Stunden abhängt, ob er zum Komplizen wird oder sauber bleibt? Ob er sich über Jahre selbst zum Schweigen verurteilt oder frei bleibt? Und wie stark ist der Gruppendruck? Wie verlockend ist das ZDF-Angebot? Kommen wir zurück zur Erzählung meines Vaters – so, wie ich mich an sie erinnere:

In einer der Baracken von Eschborn saßen an diesem Freitagabend im Büro des Chefs fünf Männer und diskutierten über die nur vagen telefonischen Vorgaben aus Bonn – und darüber, wie es möglich war, dass für das FFG Zahlungsverpflichtungen bestanden, von denen bisher niemand von uns etwas gewusst hatte. Nach dieser nicht enden wollenden Nacht, bei übermäßigem Kaffeeverbrauch und einigen Flaschen Rotwein, gab es am Ende eine einstimmige Entscheidung. Es war schon Samstagmorgen und draußen wurde es bereits hell, als unser Chef zum Telefonhörer griff und nach Bonn meldete: »Wir sind bereit. Wir erwarten am Montag euren Kurier mit den Unterlagen.« Obwohl der Samstag damals noch ein ganz normaler Arbeitstag war, warteten wir in den frühen Morgenstunden nur noch das Eintreffen der ersten Kollegen ab und fuhren dann vorzeitig nach Hause ins Wochenende.

Am folgenden Montag überbrachte der Kurierfahrer aus Bonn uns die angekündigten Unterlagen. Es waren mehrere Kisten. Wir studierten die Inhalte und waren entsetzt über die Größenordnung der anstehenden Geldbewegungen. Es ging um mehr als 20 Millionen Mark. Aber niemand sagte ein Wort oder gab einen Kommentar ab. Jeder ging seiner Arbeit nach. Es fiel in meine Zuständigkeit, für die zu zahlenden Abfindungen Rückstellungen zu bilden, indem ich Kreditlinien bei mehreren öffentlichen Banken anforderte. Eigentlich war diese Möglichkeit seit dem Urteil des Verfassungsgerichts vorbei und die Banken forderten die gewährten Kredite eher zurück, weshalb das FFG die Finanzzusagen, also die Bürgschaften der Bundesregierung, zum 1.8. fällig gestellt hatte, aber meine

Verhandlungen mit den Banken über die Bereitzustellung der Gelder verliefen allesamt reibungslos. Offensichtlich war bereits alles von höchster politischer Stelle vorbereitet und abgesegnet worden.

Soweit ich es damals überblicken konnte, stand die FFG 1961 finanziell gut da. Den Verbindlichkeiten standen sowohl ein erhebliches Vermögen (fertiges Programm und Technik) als auch die Bürgschaft der Bundesregierung gegenüber. Durch die Rückstellungen für angebliche Abfindungen wurde das Defizit dann aber um ca. 25 Millionen Mark vergrößert.

Wie es sich tatsächlich mit den Finanzen der FFG verhielt, wie solide sie gewirtschaftet hatte und wie hoch die Ausgaben und das abschließende Defizit letztlich waren – ich kann es nicht beurteilen. Rüdiger Steinmetz hält die offizielle Angabe von 35 Millionen DM, wie erwähnt, für plausibel – aber er kannte nur die Unterlagen, die es bis ins Bundesarchiv geschafft haben. Und er hat die Finanzströme vermutlich nicht bis ins letzte Detail nachvollzogen – jedenfalls geht sein Buch diesbezüglich eher summarisch vor.

Dass mein Vater genau dieselbe Zahl nannte, die 1964 öffentlich genannt wurde – von 10 auf 35 Millionen Mark sei das Defizit durch die »Luftbuchungen« für angebliche Abfindungen aufgebläht worden –, bestätigt diese offizielle Rechnung nicht unbedingt. Er dürfte sich dabei an der Zahl orientiert haben, die in den Medien genannt wurde (und die übrigens bis heute bei Wikipedia steht). Mein Vater hatte nur Einblick in einen Teilbereich, die Lohn- und Gehaltsbuchhaltung. Wenn mithilfe angeblicher Abfindungen manipuliert wurde, war er ein unverzichtbarer Mitwisser und -täter. Aber ich bezweifle, dass er damals oder später jemals das gesamte Zahlenwerk der FFG überblickte.

Der zweite Akt der Erzählung meines Vaters spielte dann zu einem unbestimmten Zeitpunkt einige Monate oder Jahre später in Mainz. Wie versprochen, wurde er – anders als die große Mehrheit seiner FFG-Kollegen – direkt vom ZDF übernommen und bis zum Beginn von dessen offizieller Geschäftstätigkeit am 1. Dezember 1961 vom FFG weiterbezahlt. Sein Arbeitsplatz war ab dem Frühsommer 1962 nicht mehr in Eschborn, sondern zumindest teilweise auch in Mainz. Das geht aus einem internen Bericht vom 4. Juni 1962 an den Liquidator Seeger hervor, der im Bundesarchiv liegt: »Einige Leute aus Eschborn, wie zum Beispiel der Herr Ebert von der Personalabteilung und der Herr Seeck von der Kasse, arbeiten schon jetzt einige Tage bei ihrer zukünftigen Stelle in Mainz. Ich weiß nicht, ob das mit Ihnen abgesprochen ist.«

Der neue Arbeitsplatz meines Vaters befand sich im Allianzhaus, dem provisorischen Verwaltungssitz des ZDF. Am 12. März 1962 wurde Prof. Dr. Karl Holzamer zum ersten Intendanten des ZDF gewählt. Auch seine Büros befanden sich im Allianzhaus. Was wusste er über die noch laufenden Abwicklungsarbeiten der vier FFG-Mitarbeiter, die jetzt zu seiner Verwaltung gehören? Die vier waren zwar schon Angestellte des ZDF, ihre Orders erhielten sie aber immer noch aus Bonn. Mein Vater erzählte den Fortgang der Geschichte wie folgt:

Hier, im Mainzer Allianzhaus, wurden jetzt fast alle Mitarbeiter wieder eingestellt, die man zuvor in Eschborn entlassen hatte. Abfindungen bekamen nur einige wenige – solche, die man entweder nicht mehr einstellen wollte oder die ihrerseits nicht zum ZDF wollten oder sich in der Zwischenzeit beruflich anders orientiert hatten. Als ich die wenigen Abfindungen verbucht hatte, war das Freie Fernsehen für mich endgültig Geschichte. Alle Unterlagen, die die FFG betrafen, verstauten wir entsprechend einer Anweisung in bereitgestellten Kisten. Diese Kisten mit den Buchungsunterlagen der FFG sollten wir, sobald alles fertig verpackt war, unverzüglich an dafür bereitstehende Personen übergeben. Es handle sich dabei um Mitarbeiter der Mainzer Staatskanzlei, die den Auftrag hätten, die Unterlagen im Allianzhaus abzuholen und in der Staatskanzlei zu archivieren.

Von wem kam die Anweisung bezüglich des Abtransports der Unterlagen? Ich weiß es leider nicht. Die besagte Dienststelle in Bonn wäre die wahrscheinlichste Antwort.

Was die Abfindungen betrifft, habe ich bereits im vorigen Kapitel erwähnt, dass laut offiziellen Unterlagen lediglich 1,2 Millionen DM tatsächlich geflossen sind. Von zweistelligen Millionenbeträgen für Abfindungen findet sich – kaum überraschend – keine Spur. Da waren schließlich Profis am Werk – die hinterlassen keine Spuren.

Als wir endlich melden konnten, dass alle Unterlagen des FFG zum Abtransport bereitstünden, dauerte es erstaunlicherweise kaum mehr als ein paar Minuten, bis mehrere Männer mittleren Alters in der Buchhaltung des Allianzhauses erschienen, um die Kisten in Empfang zu nehmen. Wir hatten fast den Eindruck, als wenn diese Männer, die sich in einem breiten Pfälzer Dialekt unterhielten, nur auf ihren Einsatz gewartet hätten. Der Abtransport der Kisten ging sehr schnell, und als sie wieder gegangen waren, sagte mein Kollege Sauerwein: »Was waren denn das für Gestalten? Das waren doch niemals Mitarbeiter der Staatskanzlei!« Ich pflichtete ihm bei: »Mit so abgewetzten Anzügen und mit Parteiabzeichen am Revers läuft da keiner rum.«

Es ist eine spannende Frage, wer die Kisten mit den Akten tatsächlich hat abholen lassen – und wo sie gelandet sind.

Die Unterlagen zum Freien Fernsehen, die sich im Bundesarchiv in Koblenz befinden, stammen jedenfalls aus dem Nachlass von Heinrich G. Merkel, dem Vorsitzenden des Gesellschafterausschusses der FFG, und nicht aus der Mainzer Staatskanzlei.

Was aber sollte das Ganze? Was war der eigentliche Sinn der Luftbuchungen, mit denen man Rückstellungen für Abfindungen schuf, die niemals flossen? Mein Vater hat es mir in zwei knappen Sätzen mitgeteilt:

Nach Abschluss und Liquidation des FFG lagen fast
24 Millionen D-Mark an Rückstellungen auf den Konten
der »Freies Fernsehen GmbH«. Diese ca. 24 Millionen
D-Mark wurden gemäß den weiteren Anweisungen aus
Bonn zunächst an eine Bank in Frankfurt und dann auf
vier Anderkonten ins Ausland überwiesen – jeweils 6 Mil
lionen. Und diese Konten lauteten auf die Namen der
vier höchsten CDU-Politiker. Drei Ministerpräsidenten
und einer in Bonn!«

Meine Frage dazu: »Bonn steht für Adenauer?« Antwort: »Nein, der alte Fuchs ist nicht selbst in Erscheinung getreten.« Ich erinnere mich, wie ich damals, 1989 auf der Rheinterrasse, nach Luft rang und meinen Vater ungläubig anstarrte. Das war ein Paukenschlag. Die Erinnerung an die Flick-Parteispendenaffäre war noch nicht verblasst – und nun erzählte mein Vater mir, dass es bereits zwanzig Jahre früher ein verdecktes Schwarzkontensystem zugunsten der CDU gegeben haben sollte.

Er fuhr fort:

Ich habe manchmal darüber nachgedacht, mein Wissen
öffentlich zu machen, zumal ich jetzt ein Alter erreicht
habe, wo es einem egal sein kann; und juristisch ist die

Sache nach so vielen Jahren verjährt. Was mich daran hindert, ist die Tatsache, dass für die Vorgänge von damals alle schriftlichen Beweise fehlen. Die Kisten mit den Buchungsunterlagen des FFG wird es nicht mehr geben, und außerdem fehlen mir jetzt, wo ich über 85 Jahre alt bin, die Nerven für einen derartigen Wirbel.

»Was, denkst du, ist mit den Millionen geschehen, die da abgezweigt wurden?«, war meine Frage. Und Karl-Anton Eberts Antwort lautete: »Das, was alle Politiker mit Geld machen: Man steckt es in die eigene Tasche.« Damals klang das für mich logisch. Heute denke ich, an dieser Stelle hat er sich zumindest teilweise geirrt. Es ging vermutlich nicht um persönliche finanzielle Vorteile. Diese banale Form der Bereicherung wäre wohl angesichts so vieler Mitwisser in Bonn, Eschborn und Mainz zu riskant gewesen. Aber für die »Sache«, also die Stärkung der CDU, würden die getreuen Mitwisser wahrscheinlich dichthalten. Wenn mein Vater Recht hat, haben in der damaligen, unübersichtlichen Situation einige Leute schnell geschaltet und die Situation ausgenutzt, dass die Bundesregierung – auf Kosten des Steuerzahlers – einen Blankoscheck ausgestellt hatte für das politisch unbedingt gewollte »Freie Fernsehen«. Da ließ sich für skrupellose Akteure leicht etwas abzweigen. Und wenn das so war, dann waren möglicherweise sowohl die Berichte über die angebliche Misswirtschaft beim Freien Fernsehen als auch die demonstrativen Bemühungen der Bundesregierung, die Verluste möglichst gering zu halten, nur Nebelkerzen, die vom eigentlichen Coup ablenken sollten.

Der Coup könnte so gelaufen sein: Eingeweiht waren nur die ominöse Bonner Dienststelle, eine Handvoll Männer bei der FFG sowie einige Leute aus dem rheinland-pfälzischen »Bermudadreieck« aus Staatsbürgerlicher Vereinigung / Industrie, CDU und ZDF. In Frage käme hier etwa der enge

Altmeier-Vertraute Franz Huch, der die SV 1954 mitgegründet hatte, ein wichtiger Akteur der »Arbeitsgemeinschaft Werbefernsehen« der deutschen Industrie war und der am 1. Juli 1962 als Verwaltungsdirektor beim ZDF einstieg. Und bevor irgendjemand sich nach dem Verbleib der Rückstellung für die Abfindungen erkundigen konnte, hatte man das Geld beiseitegeschafft – und alle Unterlagen, in denen diese Rückstellung und ihr Zweck auftauchten, verschwinden lassen. Und ebenso die gefälschten Verträge – die dienten nur der Begründung der Kreditanfragen. Deren Kredit glich die Bundesregierung später aus, wie alle Verbindlichkeiten der FFG.

Und was hat diese Geschichte nun mit Helmut Kohl zu tun? Nun, zunächst passt sie von der finanziellen Größenordnung recht gut zur Angabe des SPIEGEL von 2017: »Insgesamt blieb die Herkunft von mindestens 20 Millionen Mark innerhalb der CDU ungeklärt.« Und über das Schwarzgeld der CDU verfügte Kohl ja zwischen 1973 und 1998 nach Belieben, wie im 1. Kapitel gezeigt wurde.

Dass Helmut Kohl selbst in die Unterschlagung von über 20 Millionen verwickelt war, ist eher unwahrscheinlich. 1960–62 war er noch ein weitgehend unbekannter Ludwigshafener Provinzpolitiker. Schon eher möglich ist, dass er irgendwann Wind bekommen hat von der Existenz schwarzer Kassen – und dass er zunächst dieses Wissen und dann das Geld selbst für seinen Aufstieg genutzt hat. Ein interessanter Kandidat für die Rolle des Informanten könnte Bernhard Weber sein. Er war der Ehemann von Kohls Mitarbeiterin und Vertrauter seit 1964, Juliane Weber – und in der fraglichen Zeit Finanzchef des ZDF.

Ich halte die Überlegung nicht für abwegig, dass es dieser »schwarze Fleck« auf der Weste des rheinland-pfälzischen Ministerpräsidenten Altmeier war, mit dem Helmut Kohl

1966 Druck ausübte, um ihn 1966 im (Landes-)Parteivorsitz und 1969 im Regierungsamt zu beerben.

Man muss die folgende Passage aus Helmut Kohls Memoiren (Band 1: »Erinnerungen 1930–1982«) natürlich nicht auf die geheimnisvollen schwarzen Kassen beziehen – aber man kann es tun:

Aus eigener Überzeugung und fest entschlossen, auf dem nächsten Landesparteitag für das Amt des CDU-Landesvorsitzenden zu kandidieren, ergriff ich die Initiative. Anfang Januar 1966 traf ich mich mit Peter Altmeier. Er war auf alles vorbereitet und gab sich ganz souverän. Für mich kam es bei diesen äußerst sensiblen Verhandlungen darauf an, Schaden von der Partei abzuwenden und den Wechsel an der CDU-Spitze des Landes fair zu vollziehen. Es bedurfte allerdings eines zweiten vertraulichen Gesprächs, um die Modalitäten des Wechsels zu klären. Wir kamen sehr rasch darin überein, dass ich auf dem nächsten Parteitag für den Landesvorsitzenden kandidieren würde. In der öffentlichen Diskussion, auch in der Partei, war natürlich klar, dass ich nach der Übernahme des Landesvorsitzes bald auch ins Amt des Ministerpräsidenten wechseln würde. Ich selbst hatte kein Interesse daran, dass dies bereits im Zusammenhang mit der bevorstehenden Landtagswahl geschah, sondern zog es vor, den Wechsel erst im Lauf der Legislaturperiode vorzunehmen. Altmeier, der zu diesem Zeitpunkt seit neunzehn Jahren Ministerpräsident von Rheinland-Pfalz war, wollte das nicht. Schließlich einigten wir uns dennoch.

Man kann sich jedenfalls schon fragen, was genau »äußerst sensibel« an den Verhandlungen war, und warum Altmeier im zweiten, vertraulichen Gespräch plötzlich »sehr rasch« dem zustimmte, was er bisher vehement abgelehnt hatte. Und Kohls Hinweis, er habe »Schaden von der Partei« abwenden wollen, kann man auch interpretieren als: »Hätte er nicht zugestimmt, hätte ich die Bombe gezündet.« Insofern wird mancher in der CDU diese Passage der Memoiren auch bei deren Erscheinen 2004 noch durchaus als Drohung verstanden haben: Denkt daran, was ich alles weiß.

Wäre es um handfeste und nachvollziehbare Meinungsverschiedenheiten über politische Fragen oder über den richtigen Zeitpunkt des Generationswechsels gegangen, hätte Kohl das 2004 jedenfalls deutlich weniger verschwiemelt ausdrücken können.

Dass Helmut Kohl seinen Vorgänger mit nicht bekannten Argumenten aus dem Amt gedrängt hat, ist jedenfalls keine Neuigkeit – und ebenso wenig, dass Altmeier sein Amt im Zustand der Verbitterung verließ. Und es ist ebenfalls bekannt, dass Rheinland-Pfalz und insbesondere die Oberfinanzdirektion Koblenz sowohl unter Altmeier als auch unter Kohl so etwas wie ein Steuerparadies für die illegale Parteienfinanzierung waren – teilweise mit direkter Rückendeckung aus dem Finanzministerium. Hier schaute man offenbar jahrelang und systematisch nicht so genau hin, wenn es um die Aktivitäten der Staatsbürgerlichen Vereinigung ging.

Für Helmut Kohl dürfte das von ihm vorgefundene System der Anderkonten im Ausland und der schwarzen Kassen mindestens so interessant gewesen sein wie die Beträge selbst. Es ist durchaus denkbar, dass das »Freie Fernsehen« zum Grundstein dieses Systems wurde – eines Systems, mit dem Helmut Kohl seine Macht zementierte.

Nachdem ich 2017 den SPIEGEL gelesen und mich schlagartig wieder der Enthüllung meines Vaters erinnert hatte, schickte ich dem Magazin eine E-Mail: »Ihr habt da eine Wissenslücke. Ich kann euch weiterhelfen.« Keine Reaktion. Und auch, als ich die Mail erneut schickte, gab es keine Antwort.

Einige Tage später rief ich in der Redaktion an und gab weitere Details preis, welcher Art diese Lücke sei. Die Antwort war: »Wenn wir uns innerhalb einer Woche nicht melden, besteht kein Interesse.«

Sie meldeten sich nicht. Kein Interesse – warum auch immer.

Einmal übrigens haben sich die Wege von Helmut Kohl und Karl-Anton Ebert direkt gekreuzt. 1973 lud das ZDF anlässlich seines zehnjährigen Bestehens zu einem Galaabend mit viel Prominenz aus Politik, Kunst und Wirtschaft nach Mainz. Auch die früheren Referatsleiter und ihre Ehefrauen gehörten zu den geladenen Gästen. In einem separaten Raum werden sie vom Intendanten des ZDF dem damaligen rheinland-pfälzischen Ministerpräsidenten persönlich vorgestellt. Dieser hält eine kurze Ansprache, und meine Mutter hört Helmut Kohl über ihren Mann sagen: »Sie haben sich um unsere Sache verdient gemacht.« Sie kann mit dieser Floskel nicht viel anfangen – aber sie ist stolz auf ihren Mann. »Unsere Sache« – das kann doch nur etwas Gutes sein. Oder?

Nach der Pensionierung

Als 1962 in Eschborn die letzte Barackentür endgültig verschlossen wird, lässt Karl-Anton Ebert es sich nicht nehmen, das Aluminiumschild »Freies Fernsehen GmbH« eigenhändig abzuschrauben und als Andenken mit nach Hause zu nehmen. Sein neues Aufgabengebiet ist nun das ZDF – mit mehr Verantwortung und Gehalt als vorher.

Eines der großen Themen dieser Jahre ist die Umstellung der ZDF-Buchhaltung auf elektronische Datenverarbeitung. Bei Einstellungen neuer Leute achtet er darauf, dass sie dieser Neuerung besser gewachsen sind als er, und auch seinen künftigen Nachfolger wählt er nach diesem Kriterium aus und baut ihn auf. Zugleich wünscht er sich für seine älteren Mitarbeiter einen sozialverträglichen Übergang in die neue Zeit. Trotz seiner umsichtigen Vorgehensweise droht ihn, der 1969 in Rente gehen wird, das Tempo der Umstellungen aber irgendwann zu überrollen. Kurz vor seinem Ausscheiden, er hat noch knapp ein Arbeitsjahr bis zur Pensionierung vor sich, überkommen ihn plötzlich Existenzängste wegen der raschen Umstellung der Buchhaltung auf EDV. Also meldet er sich zu einer persönlichen Aussprache beim Intendanten an. Das Gespräch findet Mitte 1968 statt und verläuft in einer sachlichen und freundlichen Atmosphäre, die Karl-Anton Ebert so nicht erwartet hatte. Sein Intendant offenbart sich als Kenner der Abläufe in der Übergangsphase vom FFG zum ZDF. Ohne die Dinge direkt beim Namen zu nennen, spricht er von den Verdiensten meines Vaters an der »gemeinsamen Sache«. Seine Existenzängste und die Sorge um einen sozialverträglichen Übergang für seine Mitarbeiter seien unbegründet. Dafür werde gesorgt. Er selbst sei bis zur Pensionierung in ein paar Monaten ab sofort davon befreit, die vorgeschriebenen Arbeitszeiten beim Sender einzuhalten. Er habe ab sofort freie Hand bei der Gestaltung seiner Arbeitszeit. Ob er mittwochs, donnerstags oder freitags ins Wochenende fahre, sei ab sofort ihm selbst überlassen. Ein solch zuvorkommender Umgang mit Mitarbeitern ist in dieser Zeit sehr ungewöhnlich. Nach der in jeder Hinsicht angenehm verlaufenden Aussprache kommt am darauffolgenden Wochenende zum ersten Mal seit Jahren wieder ein entspannter und entkrampfter Karl-Anton Ebert zu seiner Familie nach Hause in das kleine Dorf am Rhein.

Ein einziges Mal noch gibt es einen Ansatz von Aktionismus und Arbeitseifer. Die zum letzten Mal auch manuell erstellte Bilanz für das Jahr 1968 weicht ab vom Ergebnis der EDV. Der Differenzbetrag ist zwar nur gering, aber Karl-Anton Eberts Ehrgeiz ist geweckt. An einem frühen Samstagmorgen findet seine Familie auf dem Frühstückstisch einen Zettel mit der Notiz:

Bin in Mainz,
habe den Fehler gefunden.

Als er am späten Nachmittag desselben Tages aus Mainz zurückkehrt, ist er der zufriedenste Mann im Universum. Die Bilanz seiner Leute aus der manuellen Buchhaltung war fehlerfrei. Der Fehler ist eindeutig dem EDV-Bereich zuzuordnen. Ja, so ist er, der Karl-Anton Ebert. Im Februar 1969 scheidet er aus dem Berufsleben aus und verkündet: »Ab jetzt werde ich nur noch tun, was ich will.«

Endlich frei?

Im Spätsommer des Jahres 1969, wenige Monate nach der Verrentung, wird es im Leben des Karl-Anton Ebert noch einmal unruhig. Zwei CDU-Parteileute nehmen Kontakt zu ihm auf. Ihre Namen hat er nie genannt – aber er sagte, dass er sie aus seiner Zeit in Eschborn bei Frankfurt kannte. Mein Vater seufzte damals: »Die lassen mich nie los.« So kann eigentlich nur jemand sprechen, dessen Mitwissen und Mittun auch ihn selbst in Schwierigkeiten bringen können. Dasselbe gilt für einen Satz, den er irgendwann in den 80ern sagte. Damals war nicht nur meine Begeisterung für die CDU stark zurückgegangen (Ich war eine Zeitlang sogar Grün-Wähler), sondern auch die meines Vaters. Vieles an Helmut Kohls Politik und Charakter missbilligte er. Aber auf die Frage, warum er dann noch CDU-Mitglied sei, antwortete er resigniert:

»Ich bin der Letzte, der aus dieser Partei austreten kann.« War er erpressbar?

Was wollen die beiden Besucher aus Hessen 1969 von ihm? Nun, sie wollen ihn, der er ja Mitglied der C-Partei ist, dafür gewinnen, nebenberuflich in der *Staatsbürgerlichen Vereinigung* mitzuwirken. Er soll es auch nicht ganz umsonst machen, und er bekäme sogar ein Büro gestellt. Man suche eben einen »verlässlichen Mitarbeiter«, als den man ihn ja bereits kennengelernt habe.

Am liebsten würde Karl-Anton Ebert das Angebot sofort ablehnen, aber er will nicht unhöflich erscheinen. Also lässt er sich dazu überreden, sich die Sache mit der Staatsbürgerlichen Vereinigung an einem Samstagmorgen im Sommer des Jahres 1969 zumindest einmal anzusehen. Das Büro, das man ihm zur Verfügung stellen will, befindet sich im nördlichen Rheinland-Pfalz und ist für ihn von seinem Wohnsitz aus bequem zu erreichen. Als er an diesem Samstag erst spät abends wieder zu Hause eintrifft, ist er wie erlöst: »Ich bin sie endgültig los, denke ich.« Und er erzählt:

> *Es war ein sehr spartanisch eingerichtetes Büro: ein Schreibtisch, ein Telefon, ein Koffer. Das wichtigste Utensil ist, wenn ich das richtig verstanden habe, der Koffer. Ich habe den Herren freundlich, aber unmissverständlich gesagt, dass ich für solche Aktionen nicht geeignet bin. Das haben sie letztendlich akzeptieren müssen. Außerdem will ich endlich frei sein und nur noch nach meinem eigenen Gewissen handeln, und das tue ich jetzt.*

Womit er indirekt eingestand, dass er bisher Dinge getan hatte (hatte tun müssen?), die nicht mit seinem Gewissen vereinbar waren. Aber als unauffälliger Kurier Geld aus dem Ausland zurück nach Deutschland zu bringen und bei der CDU abzuliefern, das wollte er nicht. Sicherlich auch, weil ihn so etwas viel zu sehr gestresst hätte. Allein die Angst vor dem Erwischtwerden dürfte ihn davon abgehalten haben – denn mein Vater war kein abgebrühter Typ, sondern durchaus ängstlich.

Dass er dennoch um bestimmte Dinge wusste, sollte mir 1970 klar werden. Dafür muss ich ein wenig erzählen von seinem Ruhestand.

Er hatte sich noch nie in seinem Leben eine Urlaubsreise gegönnt, sondern sich ausschließlich der Arbeit, dem Hausbau und seiner Familie gewidmet. Jetzt bucht er zum ersten Mal im Leben eine Reise. Zusammen mit meiner Mutter fliegt er nach Andalusien. Sie besichtigen Granada, Sevilla und Cordoba und genießen das Leben. Einen Rückflug hat er nicht gebucht, sondern das Ende der Reise offengelassen. Als ich ihn nach über sechs Wochen an einem kühlen Abend vom Flugplatz abhole, bleibt er unten an der Gangway neben mir stehen, atmet tief ein und steckt sich, wie ich es schon immer von ihm gewohnt bin, eine Zigarette an. Karl-Anton Ebert ist Kettenraucher, und seine Marke ist schon immer die französische *Gitanes*. Er zieht den Rauch genüsslich ein, schaut mich dann schmunzelnd an und sagt:

Das ist meine letzte Zigarette. Das habe ich mir da unten in Spanien geschworen. Wir hatten da eine richtig tolle Truppe zusammen, alles nette Leute. Jeden Abend saßen wir bei reichlich schwerem Rotwein und noch mehr Zigaretten zusammen und hatten viel Spaß. Es war wie eine Sucht, man musste jeden Abend mit dabei sein. Tagsüber war es unerträglich heiß und man konnte sich nur im Schatten aufhalten. Aber da die Temperaturen in der Nacht auch nicht wesentlich abkühlten, lag ich die halbe Nacht wach und konnte meinen erhöhten Herzschlag spüren. Das war derart beängstigend, dass ich zu mir selbst sagte: »Du hast dich doch nicht durch dieses Leben gequält, um dich jetzt mit Rotwein und Zigaretten kaputtzumachen.« Da habe ich mir selbst versprochen, wenn du wieder deutschen Boden unter den Füssen hast und zum ersten Mal wieder frische, kühle Luft atmen kannst, dann zündest du dir deine letzte Zigarette an, und das ist diese hier.

Er hält mir die nur halb gerauchte Zigarette vor die Nase, wirft sie auf den Boden und tritt sie aus. Es war tatsächlich die letzte Zigarette, die er in seinem Leben geraucht hat. Wenn es drauf ankam, hatte Karl-Anton Ebert einen eisenharten Willen.

In der Folgezeit beginnt er zu malen. Zuerst in Aquarell, bald auch in Öl. Bilder von der arktischen Schönheit der Landschaften im hohen Norden Europas. Dutzende Bilder mit blauen Seen, Bergen und unendlichen Wäldern. Nur raue unberührte Natur und friedliche Landschaften. Und er versöhnt sich wieder mit seinem alten Freund Jupp, der aus dem einst gemeinsam gegründeten Reisebüro im Verlauf der letzten Jahrzehnte ein erfolgreiches Reiseunternehmen mit Filialen in Köln, Bonn und Düsseldorf gemacht hat und so erfolgreich ist, dass er seiner Heimatstadt einen Aussichtsturm zum Geschenk machen kann, der bis heute nach ihm benannt ist.

Mit der neuen Freiheit und seinem Freund Jupp tut Karl-Anton Ebert in den nächsten zehn Jahren das, was sich die beiden Freunde in ihrer Zeit bei der nationalsozialistischen Organisation *Kraft durch Freude* immer erträumt haben: Sie organisieren und verkaufen Reisen. Pilgerreisen nach Rom, Pilgerreisen nach Lourdes und Pilgerreisen nach Assisi – überall dorthin, wo Geschichte und Spiritualität aufeinandertreffen. Auf einer dieser Pilgerreisen, es ist das Jahr 1970 und ich bin gerade 18 Jahre alt geworden, darf ich ihn begleiten. Ich bin eingeladen auf Kosten des Reisebüros.

Höhepunkt der einwöchigen Pilgerreise ist ein zweitägiger Aufenthalt in Rom mit der Teilnahme an einer Papstmesse. Als ich mit meinem Vater durch den Vatikanbezirk gehe, kommen wir an einem im Verhältnis zu den übrigen Gebäuden eher unscheinbaren Haus vorbei. Der Name des darin befindlichen Bankhauses prangt in großen Lettern an der Fassade. Irgendetwas mit »Espírito Santo« oder »Santo Spirito« – was ich frei übersetze: »Bank zum heiligen Geist? Wie sinnig! Die Religionen wurden immer und überall von Geschäftemachern missbraucht.«

Mein Vater nickt: »Aber diese Bank treibt es besonders schlimm«, klärt er mich auf. »Was die machen, vermittelt nur den Anschein christlicher Wertvorstellung. Das Gegenteil ist der Fall. Diese Bank ist wahrscheinlich eine der größten Geldwaschanlagen auf dem europäischen Kontinent.

Über die Konten dieser Bank geht so viel schmutziges Geld wie sonst nirgendwo.« Während er dies sagt, bekommt er einen harten und angeekelten Gesichtsausdruck, den ich nur selten an ihm gesehen habe. Man sieht, dass es gerade in ihm arbeitet – und dass etwas Persönliches im Spiel ist. »Woher weißt du das? Und wieso bist du dir da so sicher?«, frage ich. Seine Antwort: »Ich hatte mal Einsicht in solche Abläufe – und ich weiß, wovon ich rede.« An seiner Mimik kann ich ablesen, dass das Thema damit beendet ist. Ich frage nicht weiter nach.

Ob auch dieses Erlebnis ein brauchbarer Mosaikstein ist, der in das Bild von Bimbes und Ehrenwort passt, kann ich auch jetzt, da ich es aufschreibe, nicht sicher einordnen. Wenn es stimmt, dass er Insiderwissen über die Geldgeschäfte einer der dubiosen Banken im Vatikan hatte: Woher stammte es? Wurden hier die im Ausland versteckten »Anderkonten« geführt, von denen er mir viel später berichten sollte?

Es war eine wunderbare und aufschlussreiche Reise mit ihm, und ich denke, wir sind uns in unserem Leben selten menschlich so nahe gewesen wie in dieser Woche. In diesen Tagen hat er mir vieles aus seiner Vergangenheit erzählt und erklärt, das mir bis dahin nicht bekannt war.

Mit 75 Jahren wird ihm die Tätigkeit des Reiseleiters allmählich zu mühsam. Er schaltet einen Gang zurück und unternimmt mit seiner Ehefrau noch viele private Reisen. Mit 83 startet er zu seiner letzten großen Auslandstour – und er reist zum ersten Mal allein. Seine Frau ist erkrankt und kann ihn nicht mehr begleiten. Seine Tour führt ihn nach Norwegen und hinauf bis ans Nordkap. Er macht Station an Orten, die er noch aus seiner Militärzeit in Erinnerung hat und die ihn sein Leben lang nicht losgelassen haben. Als er von dieser Nordlandreise zurückkehrt, fühlt er, dass ihm die Kraft für zukünftige Alleinreisen fehlen wird. Ein Gedanke, mit dem er sich nicht wirklich anfreunden kann.

Zwei Jahre später dann offenbart er mir sein Wissen über die dubiosen Manipulationen von 1961. Er will, dass auch dieser Kreis sich schließt.

Hat mein Vater sich schuldig gemacht? Dass er ein Mitwisser war, der verbotene Handlungen durch sein Schweigen zumindest gedeckt hat, wird durch seine eigene Erzählung klar. Und vermutlich hat er auch aktiv mitgewirkt.

Sein Handeln moralisch zu beurteilen ist nicht leicht für mich als Sohn. Einerseits will ich ihm keinen Persilschein ausstellen. Es gab in der Geschichte immer Menschen, die mutig Nein gesagt haben, wenn Unmoralisches von ihnen verlangt wurde – auch um den Preis persönlicher Nachteile. Ihrem Mut würde ich nicht gerecht, wenn ich meinen Vater von jeglichem moralischen Vorwurf freispräche.

Andererseits will ich mich vor der Selbstgerechtigkeit des Spätgeborenen schützen. Weiß ich denn, wie ich mich verhalten hätte in jener Nacht in Eschborn? Und wie war seine Situation? In welchen Zwängen sah er sich, was die Erwartungen seiner Chefs und Kollegen und die Bedürfnisse seiner Familie anging?

Die Motive des »unverschuldet Schuldigwerdens«, des Durchlavierens und oft auch des charakterfesten Handelns ziehen sich wie ein roter Faden durch sein Leben – und hinterlassen in mir nur Fragen, keine Antworten.

War es falsch, 1919 die Bestechung durch Haferflocken und Zucker anzunehmen und den Betrug der Lehrer zu decken? Was wäre die Alternative gewesen?

War es mutig, dass er die Anordnung seines Chefs in Gelsenkirchen ignorierte, nicht mit Arbeitern zu sprechen? Und sogar Freundschaft mit ihnen pflegte?

Wie gut konnte er 1933 erkennen, dass ein Beitritt zur

NSDAP falsch war? Und wir stark spricht es für ihn, dass er nie ein fanatischer Nazi war und sich mehr und mehr der Skepsis öffnete, mit der die Familie seiner Frau die Nazis sah, so dass er später als »politisch unzuverlässig« eingestuft wurde?

Wie groß ist die Schuld des einzelnen Soldaten an der Zerstörung von Brücken und Häusern zum Schaden der Zivilbevölkerung eines besetzten Landes? Und um welchen Preis hätte er sich verweigern können?

Und schließlich: Bleibt man bei einer Firma, die nur vom Betrug lebt? Mein Vater wählte den Ausstieg.

Wie wahrscheinlich bei den meisten Menschen ist die Bilanz gemischt. Mein Vater hat je nach Lebenssituation abgewogen, ob der Preis charakterfesten Handelns für ihn beziehungsweise seine Familie zu hoch war oder nicht. Wer wäre ich, ihm deshalb heute einen Vorwurf zu machen? Seine Erzählung an jenem Sommerabend 1989 zeigt mir: Er selbst rang am allermeisten mit der moralischen Dimension der Frage von Recht und Unrecht. Sie war wohl *die* Frage seines Lebens.

Nachwort

Dass ich diese Geschichte öffentlich mache, liegt nicht zuletzt daran, dass es im 18. Jahrhundert einen couragierten Philosophen namens Immanuel Kant gab, der im feudalistisch regierten Ostpreußen lebte und der zu seinen Lebzeiten die Frage, ob er denn bereits in einem aufgeklärten Zeitalter lebe, öffentlich verneint hat. Nach seinem Verständnis gehörte zu einem aufgeklärten Zeitalter die Freiheit des Einzelnen als Person und deren Freiheit zur öffentlichen Kritik an politischen Missständen. Feigheit und Faulheit des Einzelnen waren für Kant die Grundübel der damaligen Gesellschaft, weil diese Eigenschaften die Menschen daran hinderten, mündige Bürger zu sein. Was wäre diesem Land erspart geblieben, wenn sich Kants Philosophie der Vernunft schon damals durchgesetzt hätte.

Heute leben wir, das kann jeder spüren, in einer Zeit des Umbruchs. Wenn man aber nur noch an der Macht klebt und einem jedes Mittel recht ist, diese Macht so lange wie möglich zu erhalten, geht das Gespür für das Wesentliche in unserer Gesellschaft zwangsweise verloren: den Zusammenhalt.

Die Schere zwischen Arm und Reich geht immer schneller und weiter auseinander. Hat schon einmal ein Politiker der Gegenwart darüber nachgedacht, ob es zwischen den immer länger werdenden Schlangen vor den »Tafeln« und der steigenden Beliebtheit bestimmter Parteien einen direkten Zusammenhang geben kann? Dass sich in unserem

Land ein Neofeudalismus etabliert hat, der das Demokratieprinzip auf den Kopf stellt, in dem er Superreiche steuerlich begünstigt und die Masse der Steuerzahler als Stimmvieh betrachtet?

Der wirkliche Reichtum Deutschlands, beziehungsweise seiner normal arbeitenden Bürger, waren jahrzehntelang die gut funktionierenden Sozialversicherungssysteme, die es unter anderem den allermeisten Arbeitnehmern erlaubten, im Alter ein sorgenfreies Leben zu führen. Für den Aufbau Ost hat Helmut Kohl nach 1990 alle Rücklagen angegriffen und aufgebraucht, die für die Zeit des demographischen Wandels angelegt worden waren. Als diese Rücklagen aufgebraucht waren und die blühenden Landschaften im Osten ausblieben, wurden unter der nachfolgenden SPD-Regierung die Hartz-IV-Gesetze eingeführt. Selbst wenn es damals notwendig gewesen sein mag – man hat damit eine Lawine losgetreten, die den sozialen Frieden in unserem Land massiv und auf lange Sicht stören oder gar zerstören wird. Sorgenfreie Rentner wird es in der kommenden Generation kaum noch geben – solange man sich auf Normalverdiener bezieht jedenfalls. Nicht einmal die Rekordsteuereinnahmen der letzten Jahre wurden genutzt, um den Sozialabbau wieder auf ein Maß des Erträglichen zurückzudrehen. Unvorhergesehene Ereignisse wie die Bankenkrise, die Griechenlandkrise und die Ankunft vieler Flüchtlinge haben sicherlich ihren Anteil daran – aber es fehlte lange auch die Sensibilität für die Nöte normaler Menschen und für den Punkt, an dem diese das Vertrauen in die Demokratie verlieren.

Es hat sich seit Bestehen der Bundesrepublik Deutschland auch vieles zum Positiven verändert. Trillerpfeifen gibt es fast nur noch auf den Fußballplätzen, wo sie auch hingehören. Die Kommandorufer waren deutlich weniger geworden – aber die Sympathie für solche Gestalten nimmt neuerdings wieder besorgniserregend zu. Unser Land hat in den letzten siebzig Jahren die wahrscheinlich längste Friedensperiode seiner Geschichte erlebt. Wir gehören immer noch zu den stabilsten und freiheitlichsten Demokratien dieser Welt. Das wird aber nur dann so bleiben, wenn wir die gravierenden Fehler der Gegenwart erkennen und dem entgegensteuern, was morgen zum Problem für Demokratie und Freiheit werden kann.

Wie sagte noch einmal einer unserer größten Philosophen:

Jeder Mensch ist ein Selbstzweck
und der Einzelne ist kein Mittel.

Aber heute betrachtet eine ungebändigte kapitalistische Wirtschaft ihre produktiv arbeitenden Mitarbeiter als »Human Resources«.

Kann es sein, dass wir auch 250 Jahre nach Immanuel Kant nichts dazugelernt haben? Kann es sein, dass nach den zwei verheerenden Weltkriegen mit millionenfachem Tod und unsäglichem Leid manche Politikgrößen aus Gier alles niedertrampeln, was wir als Lehre aus der jüngsten Geschichte aufgebaut haben? Gibt es eine Gesetzmäßigkeit, wonach Politik jeden Charakter verdirbt?

Dieses Buch ist aus Sorge um unser Gemeinwesen entstanden – und durchaus auch mit einer Portion Wut geschrieben. Mir ist klar, dass es keine wissenschaftliche Abhandlung und keine akribische Recherche ersetzen kann. Da ich keinen Zugriff auf den Nachlass meines Vaters hatte und habe, konnte ich mich nur auf mein Gedächtnis und auf öffentlich zugängliche Quellen stützen.

Ich kann die Tür zur Aufklärung nur einen Spalt breit öffnen – und dahinter werden bereits jetzt weitere Türen sichtbar. Vielleicht kann dieses Buch weitere Recherchen anregen, die die nächsten Türen öffnen. Ich verstehe es als einen Stein, den ich ins Wasser werfe. Was andere mit den Wellen anfangen, die dieser Stein schlägt, wird man sehen.

Anmerkungen

Dieses Buch ist ein persönlicher Bericht aus der Erinnerung. Es ist keine wissenschaftliche Forschungsarbeit. Autor und Co-Autor haben keine systematische Recherche in Archiven betrieben, sondern sich – wo es um Sachverhalte jenseits der Biografie von Karl-Anton Ebert ging – auf allgemein zugängliche Quellen wie Artikel, Filme und Bücher gestützt.

Zwei wichtige Quellen waren das 1996 erschienene Buch »Freies Fernsehen: Das erste privat-kommerzielle Fernsehprogramm in Deutschland« von Rüdiger Steinmetz und der im Dezember 2017 ausgestrahlte Film »Bimbes – die schwarzen Kassen des Helmut Kohl« von Stephan Lamby und Egmont R. Koch.

Im Bundesarchiv in Koblenz liegen unter dem Aktenzeichen B 263 diverse Aktenmappen aus dem Nachlass des Zeitungsverlegers Heinrich G. Merkel (Nürnberger Zeitung), der von 1957–1961 Vorsitzender des Gesellschafterausschusses der Freies Fernsehen GmbH war. Dieser Aktenbestand wurde für dieses Buch nur sporadisch eingesehen.

Kapitel »Geld ist Macht«

S. 15, Schäuble-Zitat: Lamby, »Bimbes«

S. 16, Kohl 2003: Helmut Kohl – das Interview, Teil 6 (ARD, 2003)

S. 17, Hausmann: zit. n. Lamby, »Bimbes«

S. 20, jüdische Vermächtnisse: zit. n. Der Tagesspiegel, 18.1.2000

S. 20, brutalstmögliche Aufklärung: zit. n. Die WELT, 26.8.2010

S. 22 ff., Unterkapitel »Parteienfinanzierung« (wenn nichts anderes angegeben) gestützt auf: Heinrich Pehle, »Die Finanzierung der Parteien in Deutschland« vom 14.3.2018, Website der Bundeszentrale für Politische Bildung (Stand: 14.7.2019)

S. 24 f. u. 137, Paul Adenauer: Hanns Jürgen Küsters (Hg.), Konrad Adenauer – Der Vater, die Macht und das Erbe. Das Tagebuch des Monsignore Paul Adenauer 1961-1966, F. Schöningh 2015

S. 30, Brown, Boveri & Cie.: »Das Ehrenwort« in: DER SPIEGEL 49/2017 vom 2.12.2017

S. 31, »Aktion Kohl«: zit. n. Lamby, »Bimbes«

S. 31, Barzel-Zitat Raubritter: Interview in: Der Tagesspiegel v. 28.6.2000

S. 32ff., Helmut Kohl und Flick-Affäre, weitere Aspekte, Rüdiger May gestützt auf: Lamby, »Bimbes«

S. 38, Dezember 2017: »Das Ehrenwort« in: DER SPIEGEL 49/2017 vom 2.12.2017 und Stephan Lamby, »Bimbes – Die schwarzen Kassen des Helmut Kohl« (ARD, 4.12.2017)

S. 39, Spendenannahme Kiep: Lamby, »Bimbes«

Kapitel »Das ›Adenauer-Fernsehen‹«

S. 100, Adenauer über strohdumme Bürger: Steinmetz, Freies Fernsehen, S. 175

S. 103, Adenauers Meinung zum Anspruch der Regierung: Ansgar Diller, Aktualisierte Rezension zu Steinmetz: Freies Fernsehen, FAZ.net vom 15.1.1997

S. 103, Lemmer im Rotary Club: zit. n. Rüdiger Steinmetz: Freies Fernsehen. Das erste privat-kommerzielle Fernsehprogramm in Deutschland, Konstanz 1996, S. 102

S. 103 ff, Unterkapitel »Freies Fernsehen GmbH«: Wenn

nichts anderes angegeben, gestützt auf: Steinmetz, Freies Fernsehen

S. 105, Stücklen NDR-Masten: DER SPIEGEL Nr. 33/1960 vom 10.8.1960

S. 106, Pilotprojekt: Ansgar Diller, Aktualisierte Rezension zu Steinmetz: Freies Fernsehen, FAZ.net vom 15.1.1997

S. 107, Bundestag belogen: zit. n. Steinmetz, Freies Fernsehen, S. 309

S. 108, optimistische Prognosen: Steinmetz, Freies Fernsehen, S. 108 u. 118

S. 109, Gladenbeck vorwurfsvoll: zit. n. Steinmetz, Freies Fernsehen, S. 324

S. 109 f., Gladenbeck zum Ziel der Gesellschafter: DER SPIEGEL Nr. 33/1960 vom 10.8.1960

S. 110, Zitat Bischof Kampe: zit. n. Steinmetz, Freies Fernsehen, S. 165

S. 110, Adenauer zu Altmeier: zit. n. Steinmetz, Freies Fernsehen, S. 186

S. 110, Adenauer zu Altmeier: zit. n. Steinmetz, Freies Fernsehen, S. 170

S. 112, von Hassel: zit. n. Steinmetz, Freies Fernsehen, S. 178

S. 114, Carlo Schmid: zit. n. Steinmetz, Freies Fernsehen, S. 240

S. 117, Anfrage v. Eckardt: »Der Bundeskanzler hatte es satt« (aktualisiert), faz.net, 26.3.2013

S. 118 f., Mitarbeiterzahlen FFG: Bundesarchiv B263/92

Kapitel »Anruf aus Bonn«

S. 123, Angemessenheit der Aufwendungen: Steinmetz, Freies Fernsehen, S. 416 ff.

S. 129, Vermerk Ebert und Seeck: Bundesarchiv B263

S. 135, Oberfinanzdirektion Koblenz: »Steueroase Rheinland-Pfalz« in: Die ZEIT / zeit.de vom 7.9.1984

Personenregister

ISBN: 978-3-86489-267-7
296 Seiten
Auch als eBook erhältlich

Das Desaster der Deutschen Bahn ist kein Versehen. Es gibt Täter. Sie sitzen in Berlin. In der Bundesregierung, im Bundestag. Und seit Jahren im Tower der Deutschen Bahn.

Die Bahn ist eine echte Zumutung: Die Züge fahren immer unpünktlicher, oft fahren sie gar nicht und manchmal sind die ein Risiko für unser Leben. Das Problem liegt im System: Seit der Bahnreform im Jahr 1994, nach der die Bahn an die Börse sollte, handeln die Bahn-Verantwortlichen, als wollten sie die Menschen zu Autofahrern erziehen.

Arno Luik, einer der profiliertesten Bahn-Kritiker, öffnet uns mit seinem Buch die Augen. Konkret geht es um Lobbyismus, Stuttgart 21, um Hochgeschwindigkeitszüge, um falsche Weichenstellungen, kurz: um einen Staatskonzern, der außer Kontrolle geraten ist. Luik zeigt auf, was zu tun ist, damit Verkehrswende und Klimaziele erreicht werden können.

»Ein faszinierender Wirtschaftskrimi von höchster Brisanz«
Jean Ziegler